SOMMAIRE

PREAMBULE

n° chapitre	titre	page
1	Choisir judicieusement le statut juridique et le régime d'imposition	8
2	Les structures de groupes	45
3	Optimiser les produits imposables et les charges déductibles	70
4	Optimiser les résultats imposables	81
5	Les crédits d'impôt	106
6	Les aides publiques	133
7	L'exit fiscal à l'étranger	164
8	L'optimisation en matière de cession et transmission d'entreprise	206
9	L'abus de droit en matière fiscale	233
10	L'accompagnement des entreprises en difficulté	238

EPILOGUE

contact auteur : jpdescat30@gmail.com

Copyright 2025 Jean-Philippe DESCAT

Édition : BoD · Books on Demand, 31 avenue Saint-Rémy, 57600 Forbach, bod@bod.fr

Impression : Libri Plureos GmbH, Friedensallee 273, 22763 Hamburg (Allemagne)

ISBN : 978-2-3225-5662-5

Dépôt légal : mars 2025

PREAMBULE

Les entreprises sont soumises à de nombreux impôts et taxes :
- impôt sur les sociétés (IS) ou impôt sur le revenu (IR) qui concerne les résultats générés par l'activité de l'entreprise ;
- Contribution économique territoriale (CE) composée de la Cotisation foncière des entreprises (CFE) et de la Cotisation sur la valeur ajoutée des entreprises (CVAE);
- taxes diverses par exemple la taxe sur les salaires, la taxe sur les friches commerciales ;
- Taxe sur la valeur ajoutée qui concerne la valeur ajoutée générée par les entreprises.

Une bonne gestion fiscale implique d'intégrer dans les décisions stratégiques de l'entreprise la fiscalité des opérations envisagées et de trouver l'option la plus favorable plus particulièrement en terme de coût. L'analyse s'avère encore plus complexe quand il s'agit d'envisager les conséquences patrimoniales pour les actionnaires et les dirigeants sociaux de l'entreprise. C'est le domaine de l'optimisation fiscale.

En principe, l'optimisation fiscale d'une entreprise, appelée aussi "évitement fiscal", est bien légale. Il s'agit d'utiliser le droit fiscal à bon escient en profitant de régimes dérogatoires ou de niches fiscales dans le but de réduire le montant de l'imposition, tout en respectant la loi. Dans ce cadre l'optimisation fiscale pourrait très bien s'assimiler à de l'évasion fiscale.

Mais l'optimisation fiscale pour entreprise, parfaitement légale, s'oppose à la fraude fiscale qui elle est illégale. En effet, la fraude fiscale est une violation des règles du droit fiscal.

Toutefois, si l'entreprise pousse l'optimisation fiscale à l'extrême, il y a un risque de basculement vers l'illégalité. En effet, si des montages fiscaux sont élaborés uniquement pour échapper à l'impôt sans correspondre à une réalité économique, il peut s'agir d'abus de droit sanctionnés par la Loi. Autrement dit, même si les règles de droit sont respectées, l'optimisation fiscale devient illégale si le montage reflète une situation mensongère.

Pour se rendre compte de la réalité de l'optimisation fiscale des entreprises, citons l'exemple concret suivant. Si vous revendez votre entreprise alors que vous êtes à moins de deux ans de votre retraite, la plus-value que vous réalisez n'est pas taxée. Donc un entrepreneur qui veut revendre à 60 ans son affaire et partir à la retraite à 65 ans, a tout intérêt à attendre trois ans de plus pour empocher la totalité de la plus-value.

En matière d'optimisation fiscale, toutes les entreprises ne sont pas à égalité, les PME sont par exemple dans un autre monde que les multinationales. Les très grandes entreprises ont leurs propres avocats fiscalistes qui passent des heures à élaborer des montages complexes. Elles jouent également sur les différences de juridictions entre les pays pour faire en sorte que leurs flux financiers passent par les bons pays sous la bonne appellation. Le monde est le terrain de jeu fiscal favori des multinationales, c'est le domaine des paradis fiscaux offshore notamment.

Il arrive effectivement que des PME y soient initiées, à l'instar des multinationales. C'est surtout le cas d'entreprises qui sont implantées dans d'autres pays et qui peuvent créer des filiales destinées à l'évasion fiscale dans lesdits pays. Mais le phénomène concerne finalement assez peu de PME. Les petites entreprises n'ont pas forcément intérêt à s'éparpiller aux quatre coins du monde quand elles disposent en France d'outils relativement simples pour échapper aux impôts et taxes en France. La majorité des PME se contentent donc de faire de l'optimisation fiscale en France même.

Cela ne signifie pas que l'optimisation fiscale ouverte aux PME est simpliste pour autant. Les opérations d'optimisation réalisées par les petites entreprises ne sont pas forcément spectaculaires mais les montants peuvent être importants, de 10 à 35 % des revenus générés par l'entreprise. Il ne faut pas oublier qu'une PME peut avoir une valeur énorme. Donc, en cas de cession, la plus-value peut également atteindre un montant important d'où l'intérêt de chercher des solutions fiscales.

Il y a chaque année plus de publicités pour inciter à l'optimisation fiscale Souvent, ces publicités survendent les possibilités offertes par la Loi. Cependant il n'y a pas de schéma magique pour avoir à la fois le gain et la sécurité. Il y a toujours un moment où il faut payer des impôts et taxes. D'ailleurs, ce qui est d'apparence magique se révèle souvent dangereux.

Dans le domaine de l'optimisation fiscale, il existe toute une série de niches fiscales avantageuses qui permettent de réduire les impôts. Les petites entreprises qui font de l'optimisation usent abondamment, entre autres, des crédits d'impôt. Mais il y a bien d'autres domaines à explorer et à ne négliger sous aucun prétexte. Ainsi, une réflexion approfondie est à conduire par l'entreprise, notamment, sur les questions suivantes :

- le statut juridique de l'entreprise et le régime d'imposition
- les produits imposables et les charges déductibles
- les aides publiques

Tel est l'objet des développements qui suivent.

CHAPITRE 1

Choisir judicieusement le statut juridique et le régime d'imposition

Le statut juridique de l'entreprise

Choisir un statut juridique est une problématique à laquelle sont confrontés tous les créateurs et repreneurs d'entreprises. Il n'existe pas de statut juridique idéal mais simplement un statut juridique adapté à la situation de chaque entrepreneur, en fonction de ses souhaits, de la nature et de l'importance de son projet. Quels sont les principaux critères à prendre en compte pour sélectionner le statut juridique de son entreprise :

1 - La volonté de s'associer

Le choix du statut juridique d'une entreprise dépend, en premier lieu, du nombre de personnes contribuant au projet de création d'entreprise (ou de reprise d'entreprise). Lorsque le porteur de projet souhaite travailler seul, l'entreprise et l'entrepreneur ne forment qu'une seule et même personne, on dit aussi que l'entrepreneur exerce en nom propre. il pourra opter alors pour les statuts juridiques suivants :

- Entreprise Individuelle (EI) dont la micro-entreprise
- Entreprise Individuelle à Responsabilité Limitée (EIRL),
- Entreprise Unipersonnelle à Responsabilité Limitée (EURL),
- Société par Actions Simplifiée Unipersonnelle (SASU).

L'un des avantages d'avoir recours à une EURL ou à une SASU (outre le fait qu'elle permet de protéger le patrimoine des associés) réside dans le fait qu'il sera possible de faire entrer ultérieurement d'autres associés sans envisager une transformation de la société (et subir les conséquences fiscales induites).

A l'inverse, la micro-entreprise est un statut ultra-simplifié qui permet de « tester une activité » sans surcoût à la création et à la fermeture dans l'hypothèse où elle ne démarre jamais.

- <u>L'entreprise individuelle</u> :
- Avantages :
    - Coût : à la différence d'une société, pas d'apports financiers à réaliser au moment de la création
    - Simplicité : les formalités sont allégées, il n'est pas nécessaire de rédiger des statuts ou d'ouvrir un compte bancaire professionnel.
    - Options : il est possible de rester sous le statut d'entreprise individuelle classique ou d'opter pour d'autres régimes (micro-entreprise et / ou EIRL).
- Inconvénients :
    - Risque : le patrimoine personnel de l'entrepreneur se confond avec le patrimoine professionnel et en cas de difficultés financières, les créanciers peuvent effectuer des saisies sur les biens personnels de l'entrepreneur individuel.

- <u>La micro-entreprise</u> : c'est une entreprise individuelle qui a décidé d'opter pour le régime de la micro-entreprise.

- Avantages :
  - Obligations comptables simplifiées : pas besoin de comptabiliser les charges, un abattement automatique s'applique sur le chiffre d'affaires
  - Obligations sociales et fiscales simplifiées : franchise de TVA, possibilité d'opter pour le prélèvement libératoire forfaitaire qui permet au micro-entrepreneur de s'acquitter de ses obligations sociales et fiscales en un seul prélèvement.
- Inconvénients :
  - Protection sociale : l'auto-entrepreneur ne cotise pas pour l'assurance chômage et la couverture sociale est minime.
  - Seuils de chiffre d'affaires : le bénéfice du régime de la micro-entreprise est conditionné au respect de seuil de chiffre d'affaires.

- La micro-entreprise, option la moins coûteuse ?

Non, c'est rarement le cas. Il est vrai que l'auto-entreprise est une structure très économique au niveau de la création et du fonctionnement administratif : la création est gratuite, il n'y a pas de comptabilité à tenir (à part le livre des recettes et le registre des achats) et il n'y a pas de compte bancaire professionnel obligatoire.

Toutefois, cette solution peut s'avérer très coûteuse lorsque l'activité aura démarré :
- les charges sociales sont calculées sur les recettes, ce qui est problématique si la marge réalisée est faible. On peut même se retrouver avec un <u>revenu nul voir négatif</u> en présence d'une marge très faible compte tenu du taux des prélèvements sociaux et fiscaux appliqués aux recettes.
- Il est impossible de prévoir une absence de rémunération pour éviter les charges sociales et l'impôt sur le revenu, le calcul de ces deux éléments étant basé sur les recettes encaissées.

En pratique, l'auto-entreprise peut être un choix idéal :

•pour l'exercice d'une activité ultra-réduite ou d'une petite activité nécessitant très peu de dépenses (surtout les prestataires de services) avec la volonté de percevoir l'intégralité du profit généré. Le poids des prélèvements fiscaux et sociaux sont faibles dans cette configuration ;
•pour tester une idée de projet car cela permet de ne pas avoir de frais administratifs à supporter.

- <u>L'EIRL</u> : c'est une entreprise individuelle qui a décidé de protéger son patrimoine personnel en créant fictivement un patrimoine professionnel via la déclaration d'affectation.
•Avantages :
- Responsabilité limitée : la responsabilité de l'entrepreneur individuel est limitée au montant des biens affectés à l'entreprise (affectation du patrimoine).
- Choix fiscal : possibilité de choisir entre l'impôt sur le revenu et l'impôt sur les sociétés.

•Inconvénients :
- Obligations plus lourdes : par exemple obligation d'ouvrir un compte bancaire professionnel dédié et de déposer ses comptes chaque année.

Si le porteur de projet souhaite s'associer à d'autres personnes, il devra obligatoirement opter pour une structure sociétale, il y a alors création d'une entité distincte de l'entrepreneur - on parle de personne morale - dont voici les plus courantes :

•Société A Responsabilité Limitée (SARL),
•Entreprise unipersonnelle à responsabilité limitée (EURL)
•Société par Actions Simplifiée (SAS),

- Société Anonyme (SA),
- Société en Nom Collectif (SNC),
- Société d'Exercice Libéral (SEL).

- L'EURL
  - Avantages :
    - Protection du patrimoine personnel : la responsabilité est limitée au montant des apports réalisés au jour de la création de l'EURL.
    - Charges sociales : le gérant de l'EURL est affilié au régime social des indépendants, ce qui implique le paiement de cotisations sociales relativement faibles.
  - Inconvénients :
    - Règles strictes : l'EURL est un statut juridique d'entreprise dont les règles sont définies relativement strictement par la loi.
    - Protection sociale : le régime social du gérant d'EURL est certes peu coûteux, mais en contrepartie la protection sociale est réputée pour être faible.

- La SASU
  - Avantages :
    - Protection du patrimoine personnel : la responsabilité est limitée au montant des apports réalisés au jour de la création de la SASU.
    - Souplesse : les règles de fonctionnement de la SASU sont peu encadrées par le code de commerce, l'associé unique bénéficie d'une grande liberté.
    - Protection sociale : le président de la SASU est affilié au régime des assimilés salariés et bénéficie donc, à quelques exceptions près, de la même protection sociale que les salariés.

- Évolution : il est très simple de passer de SASU à SAS puisque l'entrée de nouveaux associés ne nécessite pas forcément d'avoir recours à une transformation de la forme de la société.
- Inconvénients :
  - Charges sociales : le montant des charges sociales est réputé pour être élevé.

- <u>La SAS</u> :
  - Avantages :
    - Protection du patrimoine personnel : les associés de la SAS ne sont responsables des dettes qu'à hauteur de leurs apports respectifs.
    - Souplesse : les règles de fonctionnement qui entourent la SAS sont très peu encadrées par le Code de commerce. Par exemple, il est très facile de faire entrer d'autres associés dans la SAS.
    - Protection sociale : les dirigeants de la SASU sont rattachés au régime général de la Sécurité sociale en tant qu'assimilé salarié et bénéficient donc, à quelques exceptions près, de la même protection sociale que les salariés.
  - Inconvénients :
    - Charges sociales : la protection plus importante du dirigeant salarié justifie des cotisations sociales plus élevées.

- <u>La SARL</u> :
  - Avantages :
    - Protection du patrimoine personnel : les associés de la SARL ne sont responsables des dettes qu'à hauteur de leurs apports respectifs.

- Adapté au cadre familial : possibilité de créer une SARL de famille.
- Inconvénients :
    - Règles strictes : forme très encadrée par la loi. Par exemple, il est souvent compliqué de faire entrer de nouveaux associés dans une SARL (procédure d'agrément).
    - Protection sociale : le gérant majoritaire de SARL est rattaché au régime des indépendants et considéré comme un travailleur non salarié, régime réputé pour être peu protecteur.

2 - La protection du patrimoine

Lorsque l'entrepreneur dispose d'un patrimoine privé qu'il souhaite mettre à l'abri des aléas de son activité professionnelle, il peut s'orienter vers une structure en nom propre :

- L'EIRL, en composant soigneusement son patrimoine affecté,
- L'entreprise individuelle avec l'établissement d'une déclaration d'insaisissabilité.

Il peut également s'orienter vers une forme sociétale dans laquelle la responsabilité est limitée au montant des apports :

- La SARL ou l'EURL,
- La SAS ou la SASU,
- La SA

Dans ce cas, il conviendra de veiller à ne pas opter pour une structure dans laquelle les associés sont responsables indéfiniment et solidairement des dettes sociales (dispositions prévues pour la Société en Nom Collectif – SNC – par exemple)

3 - L'ampleur du projet

Certains statuts juridiques sont plus appropriés que d'autres en fonction de la dimension du projet. En effet, ceux qui nécessitent des investissements importants (et donc des financements considérables) sont généralement envisagés au sein de sociétés de capitaux comme la société par actions simplifiée (SAS) **ou** la société anonyme (SA).

La SAS permet notamment :

- de créer différentes catégories d'actions (actions à droit de vote double, actions à dividendes prioritaires, etc.) ;
- de prévoir dans les statuts une clause d'agrément, une clause d'exclusion ou une clause d'inaliénabilité.

Il sera également possible de prévoir, en supplément des statuts, un pacte d'associés ou un pacte d'actionnaires.

4 - Le régime social du dirigeant

A chaque statut juridique correspond un régime social pour le dirigeant. Ce dernier pourra, soit être « assimilé salarié » , soit être « non salarié » :

- Le dirigeant d'une SA, d'une SAS, d'une SASU ou le gérant non associé, minoritaire ou égalitaire d'une SARL est assimilé à un salarié. Il cotise aux mêmes caisses que ce dernier (à l'exception, dans la plupart des cas, de l'assurance chômage) et bénéficie de la même protection sociale ;
- Le gérant majoritaire d'une SARL/EURL, le chef d'entreprise d'une entreprise individuelle, d'une EIRL ou encore tous les associés d'une SNC sont considérés comme « travailleurs non salariés (TNS) » et cotisent à des caisses spéciales (le RSI pour les commerçants/artisans, la MSA pour les agriculteurs et l'URSSAF, la maladie et la vieillesse pour les professionnels libéraux).

Les assimilés salariés bénéficient d'une meilleure protection sociale que les non salariés en matière de remboursement de soins et de retraite mais leur coût est également plus important pour l'entreprise. Cet écart de protection s'en trouve de plus en plus réduit grâce à faculté, pour les non salariés, de souscrire auprès de compagnies privées des contrats déductibles des bénéfices de l'entreprise (contrats Madelin par exemple) et couvrant une multitude de risques (mutuelle, prévoyance, etc.).

La place que souhaite occuper le conjoint de l'entrepreneur est également déterminante dans le choix du statut juridique de l'entreprise :
•Conjoint collaborateur : statut ouvert au conjoint ou au partenaire d'un chef d'entreprise ainsi qu'au conjoint/partenaire d'un gérant majoritaire de SARL ou d'EURL de 20 salariés au plus à la double condition qu'il participe effectivement à l'activité et qu'il ne soit pas associé de la SARL.
•Conjoint salarié : statut ouvert au conjoint ou au partenaire du chef d'entreprise ou du dirigeant d'une société aux conditions suivantes : participation effective à l'activité, présence d'un contrat de travail et rémunération adéquate aux services rendus.
•Conjoint associé : statut ouvert au conjoint ou au partenaire du dirigeant d'une société associé de celle-ci.

Les modalités de calcul et de recouvrement des cotisations sociales des indépendants (non salariés) dépendent du régime fiscal de l'entreprise. Lorsque l'entreprise est soumise à l'impôt sur les sociétés, les cotisations sociales sont calculées sur la base des rémunérations perçues (majorées éventuellement de la quote-part de dividendes perçus qui excèdent le seuil de 10% du capital et des apports en compte courant pour les SARL/EURL/SELARL). Lorsque l'entreprise est soumise à l'impôt sur le revenu, les cotisations sociales sont calculées sur un revenu social (c'est-à-dire un bénéfice comptable retraité), peu importe qu'il ait été intégralement perçu par le dirigeant ou non.

5 - Autres critères à prendre en compte

- Activités réglementées
L'exercice de certaines activités suppose le recours à un statut juridique imposé par la Loi. Les débits de tabac doivent obligatoirement être exploités au sein d'une SNC ou d'une entreprise individuelle par exemple.

- Crédibilité vis-à-vis des partenaires (clients, fournisseurs, banque…)
L'accession à certains marchés requiert parfois la constitution d'une société avec un capital conséquent, ne serait-ce que pour bénéficier d'une certaine crédibilité envers les partenaires de celle-ci. Les entreprises d'exercice en nom propre (AE, EI, etc.) manquent, malheureusement, parfois de crédibilité sur le marché.

L'imposition des bénéfices de l'entreprise

Au lancement d'une activité entrepreneuriale, il est important de se poser la question du statut de son entreprise : SAS, SARL, EURL, … Mais il est également indispensable de savoir quel régime d'imposition sera appliqué. Deux cas de figure sont possibles : l'impôt sur le revenu (IR) ou l'impôt sur les sociétés (IS). Pour l'impôt sur les sociétés, c'est la société qui est directement redevable et les associés sont prélevés uniquement sur les dividendes perçus ou sur leur rémunération. Il y a donc un double niveau d'imposition. En ce qui concerne l'impôt sur le revenu, l'entrepreneur ou les associés sont, dans ce cas de figure, imposés sur le résultat ou la quote-part, qu'elle soit distribuée ou non.

Le choix entre ces deux types d'imposition est complexe et doit être décidé en fonction de plusieurs facteurs tels que la situation personnelle du dirigeant et le montant des bénéfices réalisés, l'imposition sur les plus-values, etc.

L'impôt sur le revenu

Lorsque l'entreprise est soumise à l'impôt sur le revenu, ce sont ses associés qui vont acquitter l'impôt en leur nom et pour leur compte. Selon la nature de la profession (commerçant, artisan, agriculteur ou professionnel libéral), les revenus correspondants seront imposés dans la catégorie des Bénéfices Industriels et Commerciaux (BIC), Bénéfices Agricoles (BA) ou Bénéfices Non Commerciaux (BNC). Il existe, à l'intérieur de chaque cédule, des modalités particulières d'imposition en fonction du chiffre d'affaires (c'est notamment le cas pour le micro-entrepreneur, avec le micro-BIC ou le micro-BNC).

Voici les structures soumises à l'impôt sur le revenu :

– L'EURL lorsque son associé est une personne physique (possibilité d'option à l'impôt sur les sociétés) ;
– L'entreprise individuelle ;
– L'EIRL (possibilité d'option à l'impôt sur les sociétés) ;
- La SNC (possibilité d'option à l'impôt sur les sociétés).

L'impôt sur le revenu est un impôt progressif, décomposé en 6 tranches d'imposition. Barème pour une part de quotient familial avant application des effets du quotient familial (barème 2025 pour les revenus 2024) :

•Jusqu'à 11 497 € : 0 %
•de 11 498 € à 29 315 € : 11 %
•de 29 316 € à 83 823 € : 30 %
•de 83 824 € à 180 294 € : 41 %

• plus de 180 294 € : 45 %

Les déficits sont imputables.

Les sociétés de personnes (SCI, EURL notamment) ayant opté pour l'option pour l'IS, peuvent y renoncer dans un délai de 5 ans, c'est à dire jusqu'au 5e exercice qui suit celui au titre duquel l'option a été exercée. Cette renonciation devra être notifiée à l'administration. Néanmoins, une fois le délai de 5 ans passé, l'option pour l'IS est irrévocable.

L'impôt sur les sociétés

Dans ce cas, c'est la société qui s'acquitte de l'impôt au taux de droit commun de 25 %, en 2025, avec, sous conditions, l'application d'un taux réduit de 15% au titre des 42 500 premiers euros de bénéfices. Les associés qui souhaitent percevoir le fruit de leur investissement devront procéder à une distribution de dividendes et seront imposés à l'impôt sur le revenu (au prélèvement forfaitaire unique de 30% ou, sur option, au taux marginal de l'impôt sur le revenu après abattement de 40%).

Les déficits sont imputables.

Les sociétés de personnes (SCI, EURL notamment) ayant opté pour l'option pour l'IS, peuvent y renoncer dans un délai de 5 ans, c'est à dire jusqu'au 5e exercice qui suit celui au titre duquel l'option a été exercée. Cette renonciation devra être notifiée à l'administration. Néanmoins, une fois le délai de 5 ans passé, l'option pour l'IS est irrévocable. Voici les structures soumises à l'impôt sur les sociétés :

– L'EURL lorsque l'associé est une personne morale ;
– La SARL (possibilité d'option à l'impôt sur le revenu pour les SARL de famille ou option temporaire pour le régime fiscal des sociétés de personnes sous conditions) ;

– La SAS ou la SASU (option temporaire pour le régime fiscal des sociétés de personnes sous conditions) ;
- La SA (option temporaire pour le régime fiscal des sociétés de personnes sous conditions).

En 2025 le taux de l'impôt sur les sociétés est fixé comme en 2024 pour toutes les entreprises, à un taux de 25 %, et ce quel que soit le niveau du chiffre d'affaires.

Cependant, un taux réduit est toujours applicable pour certaines entreprises (voir ci-dessous).

Le taux réduit de l'IS de 15 % concerne les PME :
- dont le chiffre d'affaires hors taxe est inférieur à 10 millions d'euros.
- et dont le capital est entièrement reversé et détenu à au moins 75 % par des personnes physiques (ou par une société appliquant ce critère).
- Ce taux réduit s'applique sur la part des bénéfices jusqu'à 42 500 €.

Au-delà, le bénéfice est imposé au taux normal de l'IS soit à 25 %.

La loi de finances de 2025 prévoit également deux grandes dispositions qui s'appliquent exclusivement aux grandes entreprises :

- l'instauration d'une contribution exceptionnelle sur les bénéfices. Cette mesure, qui s'appliquera au titre du 1er exercice clos à compter du 31 décembre 2025, concerne les entreprises redevables de l'impôt sur les sociétés réalisant un chiffre d'affaires supérieur ou égal à 1 milliard € (au titre de l'exercice au titre duquel la contribution est due ou au titre de l'exercice précédent) ;

- la création d'une taxe sur les réductions de capital consécutives au rachat de leurs propres titres. Elle s'applique aux sociétés ayant leur siège en

France et qui ont réalisé au cours du dernier exercice clos un CAHT supérieur à 1 milliard €.

En tant que SA, SAS ou SARL, il est possible, sur option et sous certaines conditions, d'imposer ses bénéfices à l'IR. Cette option n'est valable que pour une durée de 5 ans sauf exceptions (cas des SARL familiales). Les bénéfices imposables des sociétés civiles sont par défaut soumis à l'IR mais, sur option, soumis à l'IS. Cette option est possible lorsque la société :
- a été créée depuis moins de 5 ans au moment de l'option,
- emploie moins de 50 salariés et réalise un CA annuel ou un total de bilan inférieur à 10 millions d'euros,
- n'est pas cotée sur un marché réglementé, et a des droits de vote détenus à hauteur de 50 % au moins par des personnes physiques, et à hauteur de 34 % au moins par le (ou les) dirigeant de l'entreprise et les membres de son foyer fiscal.

IR ou IS pour mon entreprise : que choisir ?

- les différences entre IR et IS

Ces deux régimes proposent un schéma d'imposition des bénéfices totalement différent. Pour choisir le régime fiscal de l'entreprise, il faut bien appréhender ces différences. Cela permet de sélectionner l'option fiscale la plus adaptée.

Tout d'abord, les modalités d'imposition des bénéfices ne sont pas identiques :
• <u>À l'impôt sur le revenu</u> : les rémunérations de l'entrepreneur ne sont pas déductibles du bénéfice imposable. Le bénéfice est ensuite intégré dans l'assiette de calcul de l'impôt sur le revenu de l'entrepreneur. Il est soumis au barème progressif.

•À l'impôt sur les sociétés : les rémunérations de l'entrepreneur sont déductibles du bénéfice imposable. Le résultat fiscal est soumis au taux de l'impôt sur les sociétés. Le bénéfice net appartient à l'entreprise. Il pourra éventuellement être distribué sous forme de dividendes qui seront soumis au prélèvement forfaitaire unique.

L'impôt sur les sociétés propose un taux fixe d'imposition alors que l'impôt sur le revenu est un barème progressif. À l'impôt sur les sociétés, la perception du bénéfice net par l'entrepreneur entraîne une double imposition.

Ensuite, le régime d'imposition des bénéfices impacte également les sources de revenus de l'entrepreneur :
•A l'impôt sur le revenu : le revenu correspond au bénéfice professionnel.
•A l'impôt sur les sociétés : le revenu correspond aux rémunérations et aux dividendes.

L'impôt sur les sociétés permet de contrôler le montant de son revenu personnel imposable. À l'impôt sur le revenu, il correspond forcément à la totalité des bénéfices réalisés.

Enfin, le calcul des cotisations sociales des dirigeants affiliés à la sécurité sociale des indépendants est impacté par le choix du régime d'imposition des bénéfices :
•A l'impôt sur le revenu : la base de calcul correspond au bénéfice professionnel.
•A l'impôt sur les sociétés : la base de calcul comprend les rémunérations ainsi qu'une partie des dividendes.

Par contre, pour le dirigeant affilié au régime général de la sécurité sociale, le régime d'imposition des bénéfices n'a pas d'incidence sur la base de calcul des cotisations sociales.

L'impôt sur les sociétés permet de contrôler le montant de son revenu soumis aux cotisations sociales. À l'impôt sur le revenu, il correspond forcément à la totalité des bénéfices réalisés (sauf lorsque le dirigeant est affilié au régime général).

- avantages et inconvénients de chaque régime IR ou IS

Les avantages de l'impôt sur le revenu (IR) :

L'impôt sur le revenu offre un avantage financier parfois significatif. En effet, dans ce mode d'imposition des bénéfices, ce n'est pas l'entreprise qui s'acquitte de l'impôt sur les bénéfices mais directement le bénéficiaire des revenus. Les résultats sont donc imposés directement entre les mains de l'associé ou du chef d'entreprise concerné, dans la catégorie :
•des bénéfices industriels et commerciaux (BIC) : activité commerciale, industrielle ou artisanale,
•des bénéfices agricoles (BA) : activité agricole,
•ou des bénéfices non commerciaux (BNC) : activité libérale.

Ainsi, les bénéfices peuvent subir un taux de taxation bien moins important que celui en vigueur pour l'IS (25%). Un barème s'applique pour calculer l'impôt sur le revenu dû, il tient compte :

•du montant global des revenus perçus par le foyer fiscal,
•de la composition du foyer fiscal (nombre d'enfants…).

Concrètement, les différentes tranches d'imposition s'étalent de 0% à 45%, avec des taux intermédiaires de 11%, 30% et 41%. Choisir l'impôt sur le revenu présente un avantage lorsque le taux d'imposition personnelle est de 30% ou moins. On parle, plus exactement, de taux marginal d'imposition. Un entrepreneur a d'ailleurs intérêt à opter pour l'IR lorsqu'il bénéficie d'un dispositif d'exonération des bénéfices (Zone Franche Urbaine par exemple).

L'impôt sur le revenu est plus simple que l'IS et un peu moins coûteux en frais administratifs et comptables et en formalités fiscales. Dans les SARL de famille par exemple, les associés sont dans la même situation que les entrepreneurs individuels : le bénéfice de la société est entièrement soumis à l'IR, au nom des associés. Ces derniers paient donc l'impôt sur leur quote-part de bénéfices (la moitié chacun lorsqu'il y a deux associés à 50/50, par exemple). D'autre part, la société peut adhérer à un centre de gestion agréé et éviter la majoration du bénéfice imposable subi par les non-adhérents.

L'autre avantage de l'IR réside dans la possibilité de déduire certains déficits de l'imposition globale du foyer fiscal. En effet, si vous participez personnellement, directement et de façon continue à l'accomplissement des actes nécessaires à l'activité et que vous ne relevez pas du régime micro (micro-BIC ou micro-BNC), vous pouvez compenser les pertes réalisées sur votre revenu global. Vous paierez donc moins d'impôts à titre personnel. En revanche, lorsque l'activité n'est pas exercée de façon professionnelle, les déficits ne peuvent être imputés que sur les bénéfices des 6 années suivantes. Si donc l'entreprise risque d'être déficitaire au début de son activité, ce déficit viendra en soustraction des revenus du foyer fiscal en optant pour l'IR.

<u>Les inconvénients de l'impôt sur le revenu (IR) :</u>

Le principal inconvénient de l'impôt sur le revenu réside dans son assiette, c'est-à-dire la base servant au calcul de l'impôt. En optant pour l'IR, vous serez taxé sur le bénéfice réalisé même si vous n'avez pas perçu les sommes d'argent. Cela peut poser problème, notamment si vous réinvestissez une partie importante de vos bénéfices chaque année. Vous devrez vous acquitter, à titre personnel, d'un impôt calculé sur des sommes que vous n'avez pas encaissées. Le même inconvénient existe en matière sociale. Les cotisations sociales des non-salariés sont calculées sur un bénéfice (qui n'est d'ailleurs pas exactement le même que celui déclaré à l'administration fiscale) qui ne tient pas compte des revenus effectivement perçus.

L'impôt sur le revenu offre moins de souplesse que l'impôt sur les sociétés en matière de pilotage des revenus. En effet, l'IS permet d'optimiser la situation d'un dirigeant en mettant à sa disposition plusieurs outils. Il peut se distribuer des revenus sous forme de rémunération ou encore se verser des dividendes. Chaque solution subit sa propre taxation, en sachant qu'elles peuvent se combiner et donner lieu à des arbitrages. La rémunération du dirigeant est, par ailleurs, déductible du résultat imposable à l'IS. Ce qui permet également de maîtriser l'imposition des résultats de la société.

Enfin, dans le régime de l'IS, les déficits peuvent être reportés en avant (sans limite de temps) ou en arrière (carry-back). Le report en arrière permet de constater une créance d'impôt envers le Trésor Public et donc de récupérer tout ou partie de l'IS payé auparavant. Un remboursement d'impôt pourra alors avoir lieu, au terme d'un certain délai. A l'IR, le report en avant ne peut s'étaler au-delà de 6 années.

<u>Les avantages de l'impôt sur les sociétés (IS) :</u>

En tant qu'entrepreneur, si votre taux d'imposition personnel est supérieur à 25% il est alors souvent judicieux d'opter pour l'IS pour ne pas le faire augmenter.

Pour les SARL de famille, les EIRL et les EURL, opter pour l'IS est intéressant si le projet d'entreprise est ambitieux c'est-à-dire que des bénéfices importants sont à prévoir.

L' IS dispose de règles spécifiques quant aux rémunérations du dirigeant. Celui-ci dispose alors de salaires, ou bien se verse des dividendes selon ce qui est décidé lors de l'assemblée générale d'approbation des comptes. Au niveau comptable et dans la gestion quotidienne de l'entreprise, le patrimoine de l'entreprise (personne morale) est bien distingué de celui du dirigeant (personne physique). Chacun règle ses propres impôts et cotisations. Une séparation nette existe entre les revenus du dirigeant et le patrimoine de l'entreprise.

Contrairement au barème progressif de l'impôt sur le revenu, l'impôt sur les sociétés a un taux fixe qui ne peut pas dépasser 25 %. L'entreprise reverse donc un peu plus d'un quart de ses bénéfices à l'État. Il est donc plus aisé de prévoir son plan financier grâce à ce taux annoncé. À titre de comparaison, les sociétés soumises à l'impôt sur le revenu peuvent payer jusqu'à 45 % d'impôts sur leurs bénéfices.

Avec un taux d'imposition de 25 % ou même de 15 % pour les PME, le taux de l'IS est donc plus intéressant que celui de l'impôt sur le revenu dans ses tranches les plus élevées. D'autre part, le salaire du conjoint du dirigeant qui travaille dans l'entreprise peut être déduit intégralement, alors que cette déduction est limitée dans les structures soumises à l'IR.

Vous n'êtes pas obligé de vous rémunérer afin de préserver la trésorerie de l'entreprise. Tout comme le versement des dividendes, les associés peuvent décider en assemblée générale qu'une partie ou bien la totalité des bénéfices soit mise en réserve. Il s'agit de conserver ces sommes dans les caisses de l'entreprise, de les mettre en réserve, afin de renforcer la trésorerie. Cela est très intéressant lorsque vous êtes en phase de développement d'un produit ou d'un service, et que vous souhaitez réinvestir vos gains dans cette activité.

L'imposition des bénéfices à l'impôt sur les sociétés permet à l'entrepreneur de maîtriser le taux d'imposition des résultats. En effet, un taux fixe s'applique. Au contraire, lorsque l'entrepreneur exerce en entreprise individuelle ou en société soumise au régime des sociétés de personnes (bénéfices imposés au nom des associés), il ne maîtrise pas son imposition personnelle. Plus les résultats sont importants, plus le taux d'imposition sera élevé, le barème de l'impôt sur le revenu prévoyant un taux d'imposition allant jusqu'à 45%, et une taxe sur les hauts revenus peut également s'appliquer en cas de bénéfice très important.

L'impôt sur les sociétés présente un autre avantage pour les entrepreneurs : il permet de piloter le montant du revenu imposable à l'impôt sur le revenu ainsi que le montant de la base de calcul des cotisations au RSI (pour ceux qui y sont affiliés). La rémunération souhaitée (en tant que base de calcul des cotisations) est fixée dans un procès-verbal d'assemblée ou dans les statuts directement, et il est possible de décider que les bénéfices réalisés ne soient pas distribués, en partie ou en totalité. Cette faculté de pilotage des revenus est encore plus intéressante lorsque l'entrepreneur exerce en SAS ou en SASU, car les dividendes ne seront pas assujettis aux cotisations sociales. Pour les gérants majoritaires, les dividendes sont en grande partie assujettis aux cotisations sociales du RSI.

Ainsi, l'IS peut être un excellent choix pour les sociétés qui s'orientent au démarrage sur des stratégies d'investissement conséquent et/ou dans des logiques de prise de participation.

Les inconvénients de l'impôt sur les sociétés (IS) :

Le premier inconvénient de l'impôt sur les sociétés est qu'il occasionne un phénomène de double imposition sur les résultats distribués :

• les bénéfices sont dans un premier temps soumis à l'impôt sur les sociétés,
• puis la quote-part distribuée supporte le prélèvement forfaitaire unique de 30% (17,20% de prélèvements sociaux et 12,80% d'impôt sur le revenu), ou les prélèvements sociaux au taux de 17,20% et l'impôt sur le revenu en cas d'option pour le barème progressif.

Ensuite, l'impôt sur les sociétés peut être désavantageux pour l'entreprise qui bénéficie d'une exonération d'impôt sur les bénéfices. Par exemple, l'entreprise implantée en ZFU et éligible à l'exonération d'impôt sur les bénéfices a normalement intérêt à relever du régime des sociétés de personnes. De cette manière, l'entrepreneur bénéficie à titre personnel de l'exonération (il ne paie pas d'impôt sur le revenu au titre du bénéfice ou de la quote-part de bénéfice qu'il perçoit).

Autre point, lorsque les bénéfices sont imposés à l'impôt sur les sociétés, le taux d'imposition (15% puis au taux normal) peut être supérieur au taux d'imposition à l'impôt sur le revenu que l'entrepreneur aurait supporté en étant imposé directement sur le bénéfice réalisé, ou sur sa quote-part de bénéfices. Ce peut être le cas lorsque le montant des bénéfices est faible ou lorsque l'entrepreneur a une bonne marge de manœuvre grâce à la composition et aux autres revenus de son foyer fiscal.

Enfin, lorsqu'il est prévu que l'entreprise soit en déficit durant les premières années d'activité, la transparence fiscale (c'est-à-dire l'imposition directe des bénéfices au nom de l'entrepreneur individuel ou des associés) permet à l'entrepreneur d'imputer son déficit directement sur son revenu global imposable.

Lorsque l'entreprise est soumise à l'impôt sur les sociétés, les déficits ne sont toutefois pas perdus car ils pourront être imputés sur les bénéfices imposables futurs.

<u>Conclusion sur l'optimisation des coûts :</u>

Dans le cadre d'une création d'entreprise, le choix du statut ne doit pas être influencé par la comparaison des coûts de création et de fonctionnement, mais par les impacts fiscaux et sociaux de chaque solution. Certaines structures nécessitent peut-être un budget création (qui n'excède toutefois que très rarement les 1 000 euros) mais le montant de cet investissement est dérisoire par rapport aux écarts futurs générés en matière de fiscalité et de charges sociales.

De plus, il ne faut pas se laisser influencer par les « effets de mode » (la création de SAS étant la tendance actuellement) mais prendre le temps d'analyser chaque option.

Pour le reste, l'enjeu est d'optimiser la situation fiscale de l'entreprise et de son dirigeant en procédant :

- à la détermination de la stratégie financière des associés (souhaitent-il percevoir l'intégralité des bénéfices sous forme de dividendes ou comptent-ils les réinvestir au sein de l'entreprise ?),
- au choix du régime fiscal le plus approprié selon la situation fiscale du dirigeant et notamment son taux marginal d'imposition à l'IR,
- à un arbitrage entre rémunération et dividendes

Il n'existe pas de réponse type à cette problématique, mais une solution adaptée à chaque cas.

Exemples:

- option d'une SAS à l'IR :

Une SAS ayant opté pour l'IR a réalisé un résultat net de 10 000 euros. La société est détenue par 4 associés possédant chacun 1/4 du capital social. Ainsi, chaque associé verra son revenu imposable augmenter de 2500 euros sans que la société n'ait eu a payer le moindre centime d'impôt.

- Créer une SAS à l'IS avec des dividendes uniquement

La création d'une SAS à l'IS avec versement de dividendes uniquement est un montage apprécié par les créateurs d'entreprises. Nous allons nous intéresser aux conséquences de ce choix.

Tout d'abord, pour le calcul du bénéfice, aucune rémunération ni charges sociales ne seront déduites pour les dirigeants sociaux. Le bénéfice imposable est donc nettement supérieur au bénéfice imposable en présence de salaires.

Première remarque : les dividendes subissent les prélèvements sociaux, qui sont également compris dans les charges sociales appliquées sur un salaire.

Deuxième remarque : ce mode de rémunération ne permet pas aux dirigeants d'avoir une protection sociale si ces derniers n'ont pas une autre couverture en parallèle. Même si on a parfois tendance à négliger cet aspect, il peut être lourd de conséquences.

- Comparaison chiffrée dividendes / rémunérations en SAS

Une SASU à l'IS réalise 100 000 euros de bénéfices avant prise de revenus par le président associé unique.

Hypothèse 1 : le profit est pris en rémunération en intégralité.

Le poids des charges sociales du président de SASU représentant à peu près 80% du salaire net, il serait possible de verser une rémunération nette de 55 556 euros qui donnerait lieu à 44 444 euros de charges sociales.

Le résultat est alors de 0 euro, il n'y a donc plus aucune autre imposition. Ensuite, le président doit payer personnellement l'impôt sur le revenu sur le montant de sa rémunération.

Hypothèse 2 : le profit est pris en dividendes en intégralité.

L'IS est tout d'abord calculé sur le bénéfice de 100 000 euros, ce qui donne 22 116 euros d'IS en tenant compte du taux réduit d'IS et en retenant un taux normal d'IS à 25 %. Il reste donc 77 883 euros distribuables sur lesquels est pratiqué le prélèvement forfaitaire unique de 30%, soit 23 365 euros.

L'associé unique perçoit 54 518 euros de dividendes nets, soit 1 038 euros de moins que dans l'hypothèse 1, mais il s'agit d'un <u>montant net d'impôt</u>.

L'écart n'est donc pas très important. Il diminuera au fur et à mesure que le bénéfice augmente, étant donné que le taux réduit d'IS se limite aux 42 500 premiers euros de bénéfice, ou augmentera dans le cas contraire.

Fiscalement, les dividendes peuvent bénéficier du prélèvement forfaitaire unique (imposition à 12,80% au niveau de l'impôt sur le revenu).

- Autre alternative : la SARL à l'IS avec une rémunération

La création d'une SARL avec une gérance majoritaire permet d'être affilié au régime des travailleurs indépendants, dont la protection sociale coûte beaucoup moins cher que celle du régime général.

Reprenons l'exemple mais en SARL avec un gérant associé unique :

On prend l'hypothèse que le profit est pris sous forme de rémunération. Le poids des charges sociales du gérant majoritaire de SARL représentant à peu près 45% du salaire net, il serait possible de verser une rémunération nette de 68 966 euros qui donnerait lieu à 31 034 euros de charges sociales.

Le résultat est alors de 0 euro, il n'y a donc plus aucune autre imposition.

Conclusion : le revenu net est supérieur aux deux hypothèses que nous avons établies en SAS et il permet d'avoir une couverture sociale (certes moins bonne que celle du régime général).

Quel régime d'imposition choisir pour une entreprise ?

1 - en ce qui concerne les résultats fiscaux

Le régime d'imposition d'une entreprise dépend de son montant annuel de chiffre d'affaires et de la nature de l'activité exercée.

- le régime micro

En principe, les entreprises relèvent de plein droit du régime micro-BIC dès qu'elles bénéficient de la franchise de TVA et que leur chiffre d'affaires hors taxe n'excède pas les limites suivantes :

• 188 700 € pour les activités de vente de marchandises à emporter ou à consommer sur place, de location de matériels ou de biens de consommation durable ou la fourniture de logement ;

• 77 700 € pour les autres activités de prestations de services.

Toutefois, certaines entreprises sont exclues du régime micro et relèvent automatiquement du régime réel, quel que soit le montant de leur chiffre d'affaires, notamment, celles qui ne bénéficient pas de la franchise en base de TVA, les sociétés de personnes, les sociétés soumises à l'impôt sur les sociétés, les activités agricoles, les professions juridiques et judiciaires, les professions de santé, les agents généraux d'assurances, les experts-comptables, les activités de marchands de biens, lotisseurs, agents immobiliers, de location d'immeubles.

Contrairement au régime réel normal et réel simplifié, la base d'imposition des revenus générés en micro-entreprise est le chiffre d'affaires après application d'un abattement dont le pourcentage varie selon le type d'activité :

•71 % pour les activités d'achat-revente

• 50 % pour les prestations de service

• 34 % pour les titulaires de bénéfices non commerciaux (professions libérales)

Ce mode d'imposition dispense l'entrepreneur d'établir une comptabilité d'engagement. Il est seulement tenu d'établir une comptabilité de caisse (entrées/sorties à l'instar d'un compte en banque) rendant la gestion de l'entreprise relativement simple. Ainsi, si l'entreprise génère peu de charges et qu'elle remplit les conditions d'éligibilité au régime micro, une bonne gestion fiscale consisterait à privilégier ce choix.

Autre obligation qui peut être lourde pour une entreprise : le paiement de la tva. C'est pourquoi le régime de franchise de base en tva dispense l'entrepreneur des formalités de collecte et de paiement de la tva, sous conditions de respect d'un chiffre d'affaire inférieur à certains montants différents de ceux de la micro entreprise.

- Le régime réel simplifié et réel normal

Il n'y a pas de différence majeure concernant les modalités d'imposition du résultat entre le réel simplifié et le réel normal. Dans les deux cas, le bénéfice imposable correspond aux résultats réalisés par l'entreprise et les avantages, dont peut bénéficier l'entreprise, sont identiques, qu'elle relève de l'un ou l'autre régime. Contrairement au régime de la micro-entreprise, le régime du bénéfice réel permet de déduire les charges et amortissements, du montant du chiffre d'affaires de l'entreprise. L'imposition porte sur le bénéfice comptable avec, en fonction des dérogations fiscales, quelques retraitements afin d'obtenir le bénéfice imposable (ex : limite d'amortissement pour les véhicules de tourisme).

Dans une optique de gestion fiscale avertie, le choix du régime réel (normal ou simplifié) peut s'avérer intéressant lorsque l'entreprise génère beaucoup de charges (emploie du personnel, réalise des investissements onéreux…).

Les différences sont à rechercher du côté des obligations comptables et déclaratives qui sont allégées pour le régime réel simplifié. Les entreprises relevant du réel simplifié peuvent opter pour une comptabilité « super simplifiée » leur permettant de tenir une comptabilité de trésorerie en cours d'année avec constatation des créances et des dettes en fin d'année, de procéder à une évaluation forfaitaire des stocks et des productions en cours, d'opérer une déduction forfaitaire des frais de carburant, et d'être dispensées de justification des frais généraux accessoires payés en espèce, dans la limite de 1 % avec un minimum de 150 € (pourboires, cadeaux, réception, etc.).

Les obligations déclaratives sont les mêmes pour les deux régimes, seule l'obligation de joindre les tableaux comptables et fiscaux est allégée sous le réel simplifié.

Outre l'imposition sur le résultat fiscal de l'entreprise, le régime réel (simplifié et normal) permet de bénéficier :

- des crédits d'impôt tels que le CIR (crédit impôt recherche) ou le CIMA (crédit d'impôt pour les métiers d'art ;

- des allégements fiscaux lorsqu'elle est localisée dans une zone géographique prioritaire (ZRR, BER, ZFU, ZAFR…) ;
- d'un avantage fiscal (et notamment d'éviter une pénalité fiscale) si l'entreprise est soumise à l'impôt sur le revenu et a adhéré à un CGA (Centre de gestion agréé).

- le régime réel simplifié

Le régime réel simplifié s'applique automatiquement aux entreprises dont le chiffre d'affaire ne dépasse pas certains seuils, 840 000 € hors taxe pour la vente de marchandises et 254 000 € hors taxe pour les prestations de services. Il peut être une option intéressante pour les entreprises qui sont au regime micro et qui anticipent leur croissance.

Le régime réel simplifié réduit aussi la lourdeur administrative des déclarations fiscales en dispensant l'entreprise du paiement d'acomptes de l'impôt sur les bénéfices et en allégeant les obligations comptables (compte de résultat, bilan et annexes) et déclaratives. A défaut, l'entreprise est au régime réel normal. La gestion fiscale est alors plus chronophage : des acomptes de l'impôt sur les sociétés doivent être payés trimestriellement, les obligations comptables sont renforcées...

Le régime simplifié s'applique également sur option aux exploitants relevant normalement du régime micro et à ceux exclus du régime micro dont le chiffre d'affaires n'excède pas les seuils visés ci-avant.

Enfin, le régime réel normal s'applique de plein droit aux entreprises dont le chiffre d'affaires excède la limite du régime simplifié et sur option, aux exploitants relevant du régime micro-BIC ou du régime réel simplifié.

- le régime réel normal

Le franchissement du seuil pour appliquer le régime réel normal entraîne une exclusion des régimes simplifiés et des régimes avantageux du micro-foncier ou micro-BIC. Ce seuil est donc fixé à 840 000 € pour l'achat-revente et 254 000 € pour les prestations de service. Le régime réel normal impose aussi certaines obligations déclaratives et comptables, mais il permet en revanche d'optimiser son imposition en déduisant bon nombre de charges.

- opter pour le régime réel normal

Les entreprises dont le chiffre d'affaires est inférieur à ces seuils sont normalement soumises soit au régime de la micro-entreprise, soit au régime réel simplifié d'imposition. Elles peuvent toutefois opter pour le régime réel normal. Une entreprise soumise au régime réel normal est taxée sur son bénéfice net.

L'avantage de l'option au régime réel normal est de pouvoir déduire les charges engagées pour son activité professionnelle des recettes générées, pour réduire sa base taxable. La liste des dépenses déductibles est longue : de nombreuses dépenses sont concernées, tant qu'elles sont justifiées. Il s'agit notamment des charges de fonctionnement de l'entreprise (loyers, fournitures), mais aussi de ses charges fiscales ou encore des salaires.

Le régime réel normal est particulièrement adapté aux entreprises qui démarrent leur activité. Dans la mesure où c'est pendant cette phase que les investissements sont les plus importants. Ce régime d'imposition permet aussi à celles qui sont soumises à l'impôt sur le revenu d'adhérer à une association agréée pour bénéficier d'une fiscalité plus douce.

Le régime réel normal est également très avantageux pour les entreprises qui réalisent d'importants investissements et qui sont donc régulièrement en crédit de TVA. Ce régime d'imposition permet en effet à ces entreprises de rapidement récupérer le crédit de TVA dont elles bénéficient.

- les obligations comptables du régime réel normal

Parmi les différents régimes d'imposition des entreprises, le régime réel normal est de loin l'un des plus complexes. Contrairement aux entreprises soumises au régime réel simplifié, celles qui sont assujetties au régime réel normal doivent tenir une comptabilité régulière et précise. Ces dernières doivent :

- fournir des pièces justificatives (factures…) ;
- enregistrer chaque opération affectant son patrimoine dans leur comptabilité de manière chronologique ;
- réaliser un inventaire des stocks une fois par an ;
- établir leurs comptes annuels et réaliser un bilan, un compte de résultats et des annexes comptables ;
- tenir un livre journal et un grand livre.

Les entreprises ont toutefois la possibilité de présenter leurs comptes selon un mode simplifié, dans les conditions suivantes :

	CONDITIONS	MODALITÉS DE PRÉSENTATION DES COMPTES	PUBLICITÉ DES COMPTES DÉPOSÉS AU GREFFE
Moyenne entreprise	Ne pas dépasser deux des trois seuils suivants : - Total du bilan : 20 millions d'euros ; - Montant net du chiffre d'affaires : 40 millions d'euros ; - Nombre moyen de salariés au cours de l'exercice : 250.	Présentation simplifiée du compte de résultat	Possibilité de demander que ne soit rendue publique qu'une présentation simplifiée de leur bilan et de leur annexe
Petite entreprise	Ne pas dépasser deux des trois seuils suivants : - Total du bilan : 6 millions d'euros ; - Montant net du chiffre d'affaires : 12 millions d'euros ; - Nombre moyen de salariés au cours de l'exercice : 50.	Présentation simplifiée des comptes annuels	Possibilité de demander la confidentialité du compte de résultat
Micro-entreprise	Ne pas dépasser deux des trois seuils suivants : - Total du bilan : 350.000 euros ; - Montant net du chiffre d'affaires : 700.000 euros ; - Nombre moyen de salariés au cours de l'exercice : 10.	Présentation simplifiée des comptes annuels	Possibilité de demander la confidentialité des comptes annuels

- Que faut-il préférer : le régime micro ou le réel ?

Le bénéfice imposable dans le régime micro-BIC est fixé forfaitairement par application au montant de chiffre d'affaires d'un abattement pour frais. Malgré cet abattements il est des cas où l'option pour le régime réel est plus avantageuse, notamment :
• si le montant des charges réelles excède la déduction forfaitaire, raison de plus si un déficit est constaté (possibilité d'imputer ce déficit sur le revenu global) ;
• si l'exploitant souhaite bénéficier de la réduction d'impôt pour frais de tenue de comptabilité liée à l'adhésion à un centre de gestion agréé ou de divers crédits et

réductions d'impôt réservés aux entreprises relevant d'un régime réel (crédit d'impôt recherche, crédit d'impôt apprentissage, etc.) ;
• s'il souhaite bénéficier de l'exonération d'impôt sur les bénéfices au titre des entreprises nouvelles.

Par ailleurs, les exploitants qui opteraient pour la première fois pour un régime réel d'imposition (normal ou simplifié) peuvent constater en franchise d'impôt les plus-values acquises à la date de l'option sur les immobilisations non amortissables (clientèle, droit au bail et autres éléments du fonds de commerce).

- Micro-BIC ou régime réel ?

Un contribuable percevant des revenus fonciers a tout intérêt à opter pour le régime réel d'imposition lorsqu'il supporte beaucoup de charges. En revanche, si les frais sont peu élevés, il peut être pertinent de se tourner vers le régime micro-BIC. Cette méthode de calcul simplifié offre au contribuable un abattement forfaitaire de 50%.

- Régime réel et location meublée

Les revenus liés à la location meublée sont imposés dans la catégorie des BIC, contrairement aux revenus de la location vide qui sont taxés comme revenus fonciers. Le régime des micro-BIC permet un abattement forfaitaire de 50%. Il ne permet pas de créer de déficit.

- Régime réel et location vide

Le régime réel d'imposition s'applique obligatoirement à la location vide lorsque le contribuable dégage plus de 15 000 euros bruts de revenus locatifs. En deçà, le bénéfice du régime micro-foncier s'applique, mais le déclarant peut opter pour le régime réel. Cela peut être pertinent, par exemple, en cas de gros travaux, ces dépenses venant alors en déduction du résultat imposable.

- Régime réel et LMNP

Quand les recettes locatives sont inférieures à 23 000 euros ou à 50% des revenus globaux du contribuable, ce dernier est considéré comme loueur de meublé non professionnel. En dessous de 77 700 euros de recettes, l'assujetti se verra appliquer les avantages du régime des micro-BIC.

- Régime réel et micro-BNC ?

Si vous êtes en dessous de 77 700 €, vous pouvez donc choisir de rester au régime micro-BNC ou de passer au régime réel. L'enregistrement de la comptabilité est à prendre en compte : il est beaucoup plus léger au micro-BNC qu'au régime réel, grâce à l'abattement forfaitaire de 34% dont ces premiers bénéficient. Et c'est là que la différence est importante. Si vos charges sont supérieures aux 34% du CA de l'abattement, le régime micro-BNC n'est pas rentable. En effet, au régime réel, vous pourriez déduire bien plus en charge. Pour savoir comment choisir entre micro-BNC et régime réel, il vous faut donc faire une estimation très précise de vos charges :
•si elles représentent moins de 34% de votre CA annuel, restez en micro-BNC.
•si elles dépassent 34% de votre CA, il est plus avantageux pour vous de passer au régime réel même si l'enregistrement comptable est certes plus conséquent.

2 - en ce qui concerne LA TVA

- la franchise de TVA

En matière de TVA, les exploitants bénéficient de la franchise de TVA (dispense de déclaration et de paiement de TVA) lorsque le chiffre d'affaires de l'année précédente n'excède pas :
• 91 900 € l'année civile précédente et 101 000 € l'année en cours (activités

commerciales et de logement) ou 36 800 € l'année précédente et 39 100 € l'année en cours pour les activités de prestations de service ;
• 58 600 € pour l'activité d'avocat (année en cours et 47 600 € l'année précédente) et autres activités.

L'entreprise qui bénéficie du régime de la franchise en base de TVA établit des factures sans mention aucune de la TVA. Les factures doivent porter la mention : " TVA non applicable, article 293 B du CGI ".

Dans ce régime de TVA, l'entreprise ne doit ni déclarer ni payer la TVA. En contrepartie, aucune déduction de TVA sur les achats de biens, services ou immobilisations n'est possible.

L'impact est neutre pour le client de l'entreprise qui facture en franchise de TVA : il ne paiera pas de TVA sur cet achat et n'en a donc pas à récupérer.

Avantage : inutile de déclarer la TVA à payer et de justifier de la TVA à récupérer, ce qui simplifie l'organisation administrative et comptable.

Il est possible de renoncer au bénéfice de la franchise en base et d'opter pour le paiement de la TVA. Cependant, les entreprises qui ne relèvent plus du régime de la franchise en base de TVA perdent aussi le bénéfice du régime d'imposition micro-BIC. Dans ce cas, les obligations déclaratives et comptables sont plus contraignantes.

Le projet de loi de finances pour 2025 prévoyait la mise en place un seuil unique de franchise de TVA pour les micro-entrepreneurs (service et commerce de biens) et les petites entreprises fixé à 25 000 euros de chiffre d'affaires.

Face aux interrogations que suscite cette mesure et sa mise en œuvre prévue le 1er mars 2025, cette mesure est pour le moment suspendue et les entreprises et autres organismes ne sont pas tenus d'effectuer les nouvelles démarches déclaratives en matière de TVA.

Des consultations seront menées pour permettre au Gouvernement d'apporter les réponses appropriées pour la bonne mise en œuvre de cette réforme et le soutien au développement économique et à la vie entrepreneuriale.

- le régime simplifié

Le régime réel simplifié est applicable (aucune déclaration à remplir en cours d'année, paiement d'acomptes trimestriels et régularisation lors de la déclaration annuelle CA12) dès lors que la franchise TVA ne s'applique pas et que le chiffre d'affaires n'excède pas les mêmes limites que pour les déclarations de résultats (847 000 € pour les activités d'achat-vente notamment et 254 000 € pour les prestations de service) et, sur option, pour les exploitants bénéficiant de la franchise TVA. Les entreprises peuvent toutefois, opter pour le réel normal.

Les entreprises et les indépendants assujettis à la TVA et qui relèvent de ce régime simplifié, pour la TVA, paient désormais un acompte en juillet et un autre en décembre (précédemment les acomptes de TVA étaient trimestriels).

Les deux acomptes semestriels sont calculés sur la base de la TVA due au titre de l'année précédente :

1. payables en juillet : 55% du montant de la TVA due au titre de l'exercice précédent
2. payables en décembre : 40% du montant de la TVA due au titre de l'exercice précédent.

Une fois le solde de la TVA annuelle établi, les deux acomptes versés sont déduits du montant à payer ou viendront constituer un crédit de TVA dont le remboursement peut être demandé à l'administration.

Mais les entreprises soumises au régime simplifié d'imposition doivent déclarer et verser leur TVA mensuellement comme les entreprises assujetties au régime réel normal si le montant de TVA exigible dépasse le seuil de 15 000 €. Toutefois, rien n'empêche une entreprise dont le montant de taxe exigible est inférieur à ce seuil d'opter pour le régime réel normal au titre de sa TVA. Elle peut ainsi le combiner avec le régime réel simplifié pour l'imposition de ses bénéfices.

Il est possible pour les sociétés de déposer des déclarations de TVA mensuelles, tout en étant au régime simplifié pour la déclaration des bénéfices. C'est ce qu'on appelle le « mini réel ». Cela permet, si besoin – en cas de travaux importants par exemple –, de bénéficier de remboursements de crédits de TVA aussi rapidement que pour le régime réel normal.

L'avantage du régime simplifié de TVA réside principalement dans le fait que l'entreprise ou le professionnel assujetti n'est pas tenu d'arrêter sa comptabilité chaque mois, comme le font les entreprises qui doivent déposer une déclaration et payer la TVA chaque mois.

Toutefois le régime simplifié peut s'avérer faussement confortable. Lors de la première année d'activité, les entreprises au réel simplifié de TVA sont dispensées d'acompte. C'est un avantage, car la sortie de trésorerie consacrée à la TVA est différée, lors de la première année. Mais cela peut être piégeux : si l'entreprise a bien démarré, elle devra acquitter la TVA d'une année complète au mois de mai de l'année qui suit la première clôture d'exercice (hypothèse où l'exercice social est clos le 31 décembre). Cela suppose que les dirigeants aient prévu de garder la trésorerie nécessaire.

Par ailleurs, une entreprise qui se lance et va tarder à faire ses premières ventes pourrait se trouver en crédit de TVA, sans possibilité d'en réclamer le remboursement avant l'établissement de la première CA12, en même temps que l'établissement de la première liasse fiscale.

Pour aller plus loin,

- En fin d'exercice, le remboursement d'un éventuel un crédit de TVA peut être demandé si celui-ci dépasse 150 Euros.
- En cas de baisse de chiffre d'affaires, par rapport à l'exercice précédent, l'assujetti peut réduire le montant des deux acomptes, en établissant le calcul de la TVA réellement due pour le semestre écoulé.
- La TVA sur immobilisations peut être remboursée en cours d'année sans avoir à attendre la CA12, à condition toutefois que celle-ci soit supérieure à 760 euros.
- Lorsque les seuils de 840 000 euros ou 254 000 euros sont franchis, l'assujetti continue de bénéficier du régime simplifié d'imposition l'année du dépassement.

- le régime réel normal

Le réel normal s'applique de plein droit, aux entreprises dont le chiffre d'affaires excède les seuils du réel simplifié et, sur option, aux exploitants relevant de la franchise TVA ou du réel simplifié.

Les entreprises nouvelles qui exercent dans le secteur du bâtiment sont soumises au régime réel normal au titre de leur TVA pour l'année en cours et l'année suivante.

La TVA nette due est payée mensuellement.

CHAPITRE 2
Les structures de groupe

Créer une société holding

Lorsqu'on gère plusieurs activités dans différentes structures, créer une holding présente de nombreux avantages pratiques, qu'ils soient financiers, juridiques ou fiscaux. Cette opération a pour objet tout simplement de constituer un groupe d'au moins deux sociétés, au sein duquel la « mère» (holding) détient tout ou partie des titres de l'autre société, appelée « fille » ou filiale.

Une société holding peut être créée sous différentes formes juridiques : une EURL, une SAS, une SARL... Ce sera donc aux fondateurs de comparer les diverses formes juridiques afin de retenir la plus pertinente pour leurs activités. Le choix du fondateur portera également sur la forme et le but de sa société holding. La SAS est une forme juridique souvent privilégiée pour la souplesse des statuts juridiques.

Il existe deux types de sociétés holding :

•une holding dite « passive » qui ne fait que détenir des parts dans d'autres sociétés. Elle se comporte donc comme un actionnaire au sein du groupe d'entreprises au sein duquel elle détient des participations.

•une holding dite « active » qui fournit des services aux filiales. En plus de gérer le portefeuille, elle contrôle les filiales et participe activement à la politique de son groupe.

Il existe également une holding dont les actionnaires sont uniquement les membres d'une famille, la holding familiale.

Créer une société holding, comment faire ?

Il existe trois façons de créer une holding.

- création d'une holding ordinaire :
cela consiste à constituer une société nouvelle indépendante puis d'utiliser son capital pour investir dans des filiales. C'est le cas de figure de loin le plus fréquent.

- création d'une holding « par le bas » :
une société apporte son activité à une société nouvelle, qui devient sa filiale ; elle-même devenant la holding. C'est ce qu'on appelle un « apport partiel d'actif ». C'est une opération assez compliquée donc assez coûteuse qui nécessite l'intervention d'un commissaire aux apports.

- création d'une holding « par le haut » :
en pratique il suffit aux associés d'apporter leurs parts sociales lors de la création de la société holding afin d'en constituer le capital social. Un traité d'apport s'impose. L'appréciation de la valeur des parts apportées à la société holding devra être évaluée par un commissaire aux apports.

Si l'apport est suivi d'une cession, cette opération s'appelle un « apport-cession ». Elle est fiscalement acceptée si le produit de la cession est réinvesti rapidement (dans les 2 ans) pour une partie significative (50 % au moins) dans de nouveaux projets entrepreneuriaux. Dans le cas contraire, l'administration fiscale peut considérer ce type d'opération comme un « abus de droit » (utilisation de règles de droits dans le seul but de payer moins d'impôts) et procéder à un lourd redressement fiscal !

Généralement, la création d'une holding intervient dans l'une des situations suivantes :

- dans le cadre d'un rachat d'entreprise,
- dans le cadre de la création d'une ou de plusieurs filiales,
- dans un souci d'optimisation fiscale et/ou patrimoniale.

La société holding a pour but de rassembler plusieurs associés ou actionnaires qui veulent participer financièrement dans d'autres sociétés. Juridiquement une holding est donc une société comme une autre et se distingue par l'objet de son activité.

La création d'une holding ne concerne pas que les grandes entreprises, les petites y trouvent également leur intérêt, non seulement dans la gestion courante mais aussi dans le cas d'une vente. Créer une holding ne demande pas un gros budget et différents spécialistes peuvent faire ce montage.

Voici par exemple un type de situation pour laquelle constituer une holding présente un intérêt.

Un dirigeant a une entreprise qui réalise des bénéfices soumis à l'impôt. Afin de ne pas avoir d'impôt à payer à hauteur de 30 % des dividendes, il laisse ces bénéfices dans la société et ne les distribue pas.

La constitution d'une holding répond à cette problématique. Le dispositif consiste en la création d'une nouvelle structure, qui sera détentrice des actions de la société, en passant par un apport ou par une cession. L'avantage est que les dividendes ne sont plus bloqués dans la société d'exploitation mais ils peuvent être distribués à la holding.

La holding a un objet plus large qu'un simple objet commercial. Elle détient des participations. La trésorerie qui remonte vers la holding peut être utilisée pour effectuer des opérations sans avoir à payer l'impôt à 30%. Le taux appliqué est beaucoup plus faible, autour de 1,5 à 2% maximum, lorsque les fonds remontent dans la holding. Celle-ci peut réaliser ses choix d'investissement et réinvestir dans divers projets, création d'une SCI, création de nouvelles entreprises, ou rembourser des dettes. Le circuit est ainsi modifié.

Les avantages fiscaux liés à une holding

L'utilisation d'une holding permet de bénéficier de 2 régimes fiscaux avantageux : le régime mère-fille et le régime de l'intégration fiscale, que nous détaillerons plus loin. Ce que l'on peut cependant indiquer d'ores et déjà est que la création d'une holding permet de compenser ses bénéfices (ou pertes) avec les pertes (ou bénéfices) de ses filiales (à condition qu'elle détienne au moins 95 % des titres de la fille). C'est ce que l'on appelle l'intégration fiscale. Par ailleurs, nous n'évoquerons pas ici l'utilité de créer une holding dans un territoire à fiscalité avantageuse, mais cela mérite également réflexion dans certains cas.

L'exonération d'impôt sur la plus-value de cession des titres d'entreprise

Deuxième avantage fiscal très intéressant pouvant justifier la création d'une holding : lorsqu'elle vend les titres d'une filiale, la holding ne paie l'impôt sur les sociétés (25 %) que sur 10 % du montant de la plus-value.

La holding agit donc comme un « écran fiscal » pour l'actionnaire puisque la plus-value est exonérée pour 90 % de son montant. L'impôt final ne représente que 3 % du montant de la plus-value. Comparé aux 37 % d'impôt sur le revenu et de prélèvements sociaux que paient en moyenne les associés personnes physiques, l'avantage est potentiellement très important. Même si le produit de la cession reste bloqué dans la holding.

C'est la raison pour laquelle, beaucoup de jeunes investisseurs utilisent les holdings comme outil d'investissement et de réinvestissement. Après avoir vendu leurs titres, ils peuvent réinvestir le produit de la vente dans d'autres sociétés, sans pratiquement payer d'impôt.

Ensuite, la détention des titres d'une société par l'intermédiaire d'une société holding permet de bénéficier de la fiscalité des plus-values à long terme lorsque les titres cédés sont détenus depuis au moins 2 ans. Les plus-values nettes à long terme réalisées sur les titres de participation sont exonérées d'IS, sauf réintégration d'une quote-part de frais et charges de 12%.

En contrepartie, le produit de cession appartient à la société holding. Il n'est pas appréhendé directement par les associés.

L'exonération des dividendes reçus et versés

Une filiale peut verser des dividendes à sa holding. Ces dividendes seront presque totalement exonérés d'impôt (hormis une quote-part de 5 %) et totalement exonérés de cotisations sociales SSI (ex-RSI).

Autre avantage, sur le plan stratégique, la création de la holding permet de rationaliser l'organisation de l'entité, de mutualiser les fonctions supports, de mieux négocier les conditions d'emprunt auprès des banques, etc.

Créer une holding : les avantages financiers

Créer une holding constitue également un excellent outil de financement.

Par exemple, le régime mère-fille permet à l'entreprise d'affecter 95% des dividendes reçus de la filiale au remboursement des dettes financières (éventuellement contractées pour le rachat de cette dernière).

Il s'agit ensuite d'un montage qui permet d'augmenter la capacité d'emprunt : en plus des apports des associés réalisés à la holding, ceux-ci peuvent emprunter au nom de la holding et disposer ainsi d'un montant plus important pour investir dans une filiale, qui pourra ensuite emprunter à son tour. L'effet de levier peut être conséquent. Toutefois, il va falloir faire face à deux échéanciers de remboursement et le risque est double en cas de difficultés.

Créer une holding : les avantages juridiques

Dans un montage simple (une holding et une filiale), créer une holding permet de faire entrer plus d'investisseurs tout en gardant le contrôle de la filiale :

•si vous n'avez qu'une entreprise, vous pouvez accorder au maximum 49% du capital aux investisseurs afin de rester majoritaire,
•si vous avez une holding et une filiale, vous pouvez accorder 49% du capital de la filiale aux investisseurs et également 49% de la holding.

Vous parvenez ainsi à diluer votre actionnariat tout en gardant le contrôle du groupe. De plus, certains investisseurs souhaiteront plutôt investir dans la holding et d'autres directement dans telle ou telle filiale.

Créer une holding : les avantages opérationnels

Créer une holding présente également des avantages en matière d'organisation dans les groupes à plusieurs filiales.

Il est par exemple possible de mutualiser, au sein de la holding, tout ou partie des fonctions supports nécessaires aux entreprises (paie, comptabilité, gestion administrative, informatique...), ce qui permet aux filiales de se concentrer exclusivement sur leur métier et au groupe de réaliser des économies grâce à la mutualisation.

Autre avantage, sur le plan stratégique, la création de la holding permet de mieux négocier ses conditions d'emprunt auprès des banques, etc.

Quel statut juridique choisir pour la holding ?

SA, SAS, SARL… peu importe le statut de société choisi pour la création de la holding, celle-ci doit simplement être imposée à l'impôt sur les sociétés.

On préférera souvent la SAS car les dividendes versés par une SAS ne sont pas soumis, pour le moment, contrairement à la SARL, à cotisations sociales.

Création d'une holding, le point de vigilance

Dans bien des cas, exonérer les dividendes de cotisations sociales RSI est la principale raison motivant la création d'une holding. Une raison bien compréhensible mais non suffisante. Et c'est là, un des points clés du montage de la holding, celle-ci doit avoir une véritable activité de gestion d'actifs pour ne pas tomber dans l'abus de droit.

Or, il est important de noter qu'en cas de contrôle Urssaf et d'une suspicion d'abus de droit, c'est au cotisant d'apporter la charge de la preuve et de démontrer que le holding a bien été créé dans un but autre.

Le régime mère-fille

Le régime mère-fille est un dispositif d'optimisation fiscale utilisé dans des groupes de sociétés.

Ce dispositif est une option fiscale qui permet de lier deux sociétés au sein d'un groupe d'entreprises. Il est mis en place dans le cadre de la création d'une holding, société qui possède plusieurs parts ou actions dans une ou plusieurs autres entreprises et qui agit donc en qualité de société-mère.

Toutes les holdings n'optent pas nécessairement pour le régime mère-fille. Il s'agit d'une option à activer si ce choix est cohérent.

Le régime mère-fille met en relation la société-mère et au moins une autre société qui lui sera affiliée, appelée fille ou filiale.

Une société-mère peut avoir plusieurs filiales. L'objectif du régime est de limiter les impacts fiscaux au moment de faire remonter les produits de participation issus des filiales, notamment les dividendes.

La société mère jouit d'une exonération d'impôt sur les sociétés sur les distributions de bénéfices à l'exception d'une quote-part de 5% pour les frais et les charges. Les dividendes versés par les sociétés intégrées fiscalement sont déduits du résultat global imposable dans leur totalité. De plus, les plus-values des titres de participations ont un taux à 0% d'impôt sur les sociétés avec un quote-part de 12% intégrée dans le résultat.

Pour les exercices ouverts depuis le 1er janvier 2019, la quote-part pour frais et charges (QPFC) s'élève également à 1 % pour les produits de participation reçus par une société non membre d'une intégration fiscale et versés par une société établie dans un autre État de l'UE qui, si elle était établie en France, remplirait les conditions pour être membre du même groupe d'intégration fiscale à condition que la société mère, percevant les dividendes, ne dispose pas, en France, de filiales éligibles au régime de l'intégration fiscale.

La loi de finances de 2024 a étendu le bénéfice de la QPFC de 1 % aux dividendes reçus par une société non-membre d'une intégration fiscale par choix d'une filiale européenne.

la QPFC au taux de 1 % s'applique aux dividendes reçus par toute société française non intégrée (que cela résulte ou non d'un choix de sa part) de sa filiale européenne, pourvu qu'elle remplisse avec sa filiale européenne, depuis plus d'un exercice, les conditions pour appartenir à un groupe fiscalement intégré si cette société avait été établie en France (assujettissement à un impôt équivalent à l'IS français, conditions de détention satisfaites, coïncidence des dates d'ouverture et de clôture des exercices).

A noter que la question d'une discrimination à rebours (traitement plus favorable des dividendes versés par une société européenne que des dividendes versés par une société française)sembl e devoir se poser.

Le Gouvernement s'est saisi de l'occasion pour rétablir la condition d'appartenance au groupe de la société distributrice depuis plus d'un exercice pour bénéficier de la QPFC au taux de 1 %.

Désormais, pour bénéficier de la QPFC au taux de 1 %, il faudra que la société distributrice appartienne au groupe depuis plus d'un exercice (cas d'une société française intégrée) ou remplisse depuis plus d'un exercice les conditions d'appartenance au groupe (cas d'une société européenne).

Cette condition avait été supprimée par la LFR 2015. En revanche, elle s'applique toujours dans le cadre du mécanisme de neutralisation à 99 % des distributions intragroupes n'ouvrant pas droit au régime mère-fille.

Le mécanisme de déduction de 99 % des produits de participation n'ouvrant pas droit au régime mère-fille reçus par une société non-membre d'une intégration fiscale (idem QPFC de 1 %) est également amendé.

Il s'appliquera ainsi aux dividendes n'ouvrant pas droit au régime mère-fille reçus :
- Par toute société française non intégrée, que cela résulte ou non d'un choix, à raison d'une participation dans une filiale soumise à un impôt équivalent à l'IS dans un autre Etat de l'UE/EEE ;
- Dès lors que ces sociétés remplissent, depuis plus d'un exercice, les conditions pour constituer un groupe (à l'exception de l'établissement de la société distributrice en France).

Les conditions d'application du régime

Plusieurs conditions doivent être remplies pour pouvoir bénéficier de l'application du régime mère fille :

1ère condition :

La société bénéficiaire des dividendes doit être une personne morale soumise de plein droit ou sur option à l'impôt sur les sociétés au taux normal (25 %). Cette condition exclut donc les sociétés de personnes relevant de l'impôt sur le revenu.

Remarques : les organismes sans but lucratif peuvent bénéficier de ce régime à condition d'être soumis à l'impôt sur les sociétés au taux normal ; les PME bénéficiant du taux réduit d'impôt sur les sociétés à 15% peuvent également bénéficier du régime mère fille ; lorsque la société est une société de personnes, le dirigeant peut opter, sous conditions, pour soumettre les bénéfices de l'entreprise à l'impôt sur les sociétés (cette option peut donc être intéressante dans certaines situations)

Au moment de la constitution de son entreprise, le créateur doit s'interroger s'il entend, dans le futur, développer son activité par l'élaboration de filiales et ce en vue de choisir, dès le départ, une forme sociale lui permettant de bénéficier du régime mère fille. Le régime mère fille peut donc constituer un critère pour bien choisir la fiscalité de son entreprise.

2ème condition :

La société distributrice des dividendes doit également être soumise à l'impôt sur les sociétés L'exonération n'est ni conditionnée par la forme juridique (sauf pour les sociétés relevant de l'IR) ni par le lieu d'implantation de la filiale (sauf pour les filiales situées dans des états non coopératifs avec la France). Les filiales bénéficiant d'une exonération d'impôt sur les sociétés peuvent également bénéficier du régime.

Attention : pour bénéficier de l'exonération, la filiale doit avoir une substance économique. La filiale ne doit donc pas être fictive (le cas échéant, un tel montage uniquement réalisé pour bénéficier du régime serait qualifié comme un abus de droit par l'administration fiscale).

3ème condition :

La société bénéficiaire doit détenir au moins 5% du capital de la société émettrice. Ce taux s'apprécie à la date de la distribution des dividendes.

Remarque : les titres dépourvus du droit de vote (actions de préférence par exemple) peuvent donner lieu à l'application du régime mère fille. Sont en revanche exclus du régime les titres détenus en usufruit.

En pratique, le bénéfice du régime s'applique aux produits découlant de la participation dans le capital de la société émettrice.

<u>4ème condition</u> :

Une conservation des titres par la société bénéficiaire pour une durée au moins égale à 2 ans est nécessaire. Cette conservation des titres offre un caractère définitif au régime mère fille. La conservation ne concerne que les titres représentant 5% du capital de la société émettrice.

Remarque : l'absorption de la filiale par la société mère, l'apport des titres détenus à une autre société ou encore les échanges de titres ne remettent pas en cause cette obligation de conservation.

L'option pour le régime mère-fille

L'exonération prévue par le régime mère fille n'est pas automatique. L'option doit être formulée par la société mère du groupe. Elle s'applique annuellement et n'est soumise à aucun formalisme.

La société mère doit juste porter les mentions nécessaires sur sa liasse fiscale et ce pour permettre l'exonération des produits distribués par la filiale et la réintégration de la quote part de frais et charges de 5%. Le régime mère fille est compatible avec le régime de l'intégration fiscale.

Les avantages du régime mère-fille

- Optimisation fiscale du patrimoine de l'entrepreneur individuel

L'exploitant d'une activité économique peut choisir d'avoir recours au régime fiscal dit « mère – fille » de manière à optimiser la gestion patrimoniale/fiscale de ses revenus.

Pour ce faire, il est possible tout d'abord de faire l'apport de son fonds de commerce à une première société d'exploitation.

Ensuite, l'exploitant en question pourra choisir de faire l'apport de ses titres de la société d'exploitation au profit d'une société holding.

L'avantage de ce montage est que les revenus issus de l'activité économique pourront remonter en quasi franchise d'impôt au profit de la société holding. En effet, seule une quote-part de frais et charges au taux de 5 % sur le montant des dividendes reçus par la société holding, sera fiscalisé.

En d'autres termes, lorsque la société d'exploitation dispose de 100 € à distribuer à ses associés au titre de dividendes, seuls 5 euros seront fiscalisés dans le cadre d'une distribution au profit de la société mère.

Cette option est donc nettement plus favorable que la distribution de dividendes imposée par exemple suivant la flat taxe à 30 %.

Le régime mère fille permettra ensuite à la holding de bénéficier d'une meilleure capacité de réinvestissement pour d'autres activités économiques ou patrimoniales, comme par exemple :

• la création d'une nouvelle société commerciale pour exploiter une autre activité ou racheter un fonds de commerce ;
• la création d'une société civile immobilière pour acquérir et par exemple louer des biens immobiliers.

Le gouvernement favorise en effet la circulation de flux de trésorerie entre des sociétés détenues mutuellement, plutôt que les distributions de dividendes au profit d'un associé personne physique.

Le régime mère fille permet donc de favoriser les distributions de dividendes à l'intérieur d'un groupe de sociétés en bénéficiant d'une exonération quasi-totale d'impôt sur les sociétés.

- L'exonération des produits de participation

Le principal avantage de ce régime mère-fille porte sur les dividendes. En effet, les dividendes (et les autres produits éligibles) que la filiale fait remonter à la société-mère bénéficient d'une exonération quasi-totale d'impôt sur les sociétés.

En principe, la perception de dividendes par une entreprise soumise à l'impôt sur les sociétés est imposée au taux de 25 %. Sans régime particulier, les dividendes remontés par une filiale à la société-mère subiront une double imposition. La fille verra son résultat imposé avant la distribution des dividendes, et la mère verra son résultat, qui inclura les dividendes, également imposé.

C'est pour éviter cette double imposition que le régime mère-fille a été créé.

Quels produits sont concernés par le régime mère-fille ?

Le régime mère-fille permet une exonération d'impôt sur différents types de produits, afin qu'ils qui ne subissent pas de double imposition. De manière générale, il s'agit de tous les produits qui trouvent leur origine dans les résultats que dégagent les filiales :

- les dividendes ;

- les acomptes sur les dividendes ;

- les plus-values de cession de titres ;

- les boni de liquidation ;

- les distributions de réserves ;

- les sommes allouées à titre de partage partiel ou de rachat de droits sociaux ;

- les avances, prêts ou acomptes consentis aux associés lorsque ces sommes constituent des revenus distribués ;

- les intérêts excédentaires versés à la société-mère et réintégrés dans le bénéfice imposable de la filiale.

Quels produits sont exclus du régime mère-fille ?

Certains produits ne peuvent pas bénéficier de l'exonération associée au régime mère-fille :

- la rémunération de l'activité des administrateurs (les anciens "jetons de présence") ;

- l'avantage consenti à la société-mère par sa filiale si elle lui cède à prix minoré des titres d'une autre société ;

- les produits perçus dans la mesure où les bénéfices reversés sont déductibles des résultats de la filiale ;

- les produits venant de sociétés établies dans des territoires non coopératifs, sauf si l'entreprise parvient à prouver que les opérations concernées sont réelles et n'ont pas pour objet ou effet une fraude fiscale ;

- les produits venant d'une société immobilière au profit de sa société-mère qui exerce une activité de marchand de biens si elle a inscrit les titres de sa filiale parmi les stocks ;

• les produits reversés aux actionnaires de différentes catégories d'entreprise à statut particulier dans le domaine de l'immobilier : sociétés immobilières pour le commerce de l'industries (SICOMI), sociétés d'investissements immobiliers cotées (SIIC) et sociétés de placement à prépondérance immobilière à capital variable (SPPICAV) et leurs filiales.

D'un point de vue déclaratif, les produits exonérés doivent être déduits du résultat comptable et la quote de part de frais et charges doit être réintégrée. Prenons le cas d'une société mère, qui a réalisé un résultat comptable de 100 000 euros et a perçu 50 000 euros de dividendes de la part de sa filiale. Le résultat fiscal sera égal à 100 000 – 50 000 (soit le dividende exonéré) + 2500 euros (quote-part de frais et charges de 5% réintégrée) = 52 500 euros.

Exemple :

Prenons une société A et une société B, qui font le choix de mettre en place un régime mère-fille :

• A est la société-mère ;

• B est la filiale.

La société B verse à la société A 100 000 € de dividendes. Sur sa liasse fiscale, la société A déduit 100 % de ces 100 000 €, puis en réintègre 5 %, ce qui équivaut à 5 000 €.

Voici donc le calcul détaillé de l'opération : 100 000 - 100 000 + 5 000 = 5 000 € de résultat imposable pour la société A.

L'entreprise A intègre ces 5 000 € dans sa base imposable, ce qui engendrera une imposition à hauteur de 25 % de cette somme, soit 1250 €.

Sans le régime mère-fille, l'imposition se serait directement faite sur les 100 000€ de dividendes versés, soit 25 000 €.

- L'exonération de plus-value sur les titres de participation

Les plus-values relatives à des titres de participation sont exonérées d'impôt sur les sociétés au niveau de la société cédante. Toutefois, une quote part de frais et charges de 12% doit être réintégrée dans le résultat de celle-ci.

Constituent des titres de participation ceux dont la possession durable est estimée utile à l'activité de l'entreprise, notamment parce qu'elle permet d'exercer une influence sur la société émettrice ou en assurer le contrôle. Dans les faits, l'administration ne remet en cause pas en cause l'inscription de titres au compte des titres de participation, sauf erreur manifeste.

Les titres représentant au moins 10% du capital d'une entreprise sont présumés être des titres de participation. Toutefois, la participation peut être sensiblement inférieure (cf l'arrêt du Conseil d'Etat du 20 mai 2016, pour lequel les titres représentant 0,88% du capital d'une société constituent des titres de participation). L'exonération n'est définitivement acquise que si les titres sont détenus durant au moins 2 ans.

Conclusion :

Le régime mère fille constitue un régime fiscal particulièrement favorable aux groupes de sociétés. Les conditions sont en effet très souples pour les entreprises désireuses de bénéficier de l'exonération.

L'intégration fiscale

Régime mère-fille et intégration fiscale

Le régime de l'intégration fiscale est un autre levier fiscal que les entreprises peuvent utiliser dans le cadre d'une holding. Il vise à réunir l'ensemble des résultats fiscaux des sociétés du groupe (la holding et ses filiales) au niveau de la société-mère, ce qui peut permettre au groupe dans son ensemble de payer moins d'impôts. En effet, si les entreprises du groupe n'ont pas toutes la même santé financière, les pertes des unes pourront compenser les bénéfices des autres.

Si le régime mère-fille est bien compatible avec le régime de l'intégration fiscale, ce dernier est plus compliqué à appliquer. En effet, la mise en place d'une intégration fiscale exige des conditions strictes :

- la holding doit détenir 95 % du capital des filiales à intégrer ;
- toutes les sociétés doivent être soumises à l'impôt sur les sociétés ;
- toutes les sociétés doivent clôturer leurs comptes à la même date.

L'intégration fiscale est le régime retenu par les groupes de sociétés français. Souvent plébiscité par les grandes entreprises et leurs filiales, ce régime vite complexe est plus rare dans les petites entreprises.

- Qui peut adopter le régime de l'intégration fiscale ?

Le régime de l'intégration fiscale est tout d'abord réservé, sur option, aux sociétés passibles de l'impôt sur les sociétés (IS) en France et soumises à un régime réel normal d'imposition de plein droit ou sur option.

Les entreprises individuelles sont bien évidemment exclues de ce régime même si l'entrepreneur inscrit les titres d'une société qu'il contrôle à son bilan. De la même manière, les sociétés de personnes qui n'ont pas formulé d'option pour l'IS (SNC, SCP, SCI...) sont hors du champ d'application de l'intégration fiscale.

Les sociétés soumises à l'impôt sur les sociétés dans les conditions de droit commun, quelle que soit leur activité, peuvent, sur option, pour 5 ans, constituer un groupe de sociétés dans lequel la société mère, détenant au moins 95 % du capital des filiales, est seule redevable de l'IS sur l'ensemble des résultats des sociétés figurant dans le périmètre d'intégration.

La société mère « tête de groupe » doit détenir au moins 95 % du capital de l'ensemble des sociétés membres du groupe. Cette détention peut être directe ou indirecte (par l'intermédiaire d'une ou plusieurs filiales). Le capital de cette société mère « tête de groupe » ne doit pas lui-même être détenu à 95 % ou plus, directement, par une autre société.

Toutefois, le capital de la société mère peut être détenu indirectement à 95 % ou plus par une autre personne morale soumise à l'impôt sur les sociétés dès lors que cette dernière ne détient pas plus de 95 % du capital de la ou des sociétés intermédiaires.

Les sociétés étrangères ne peuvent pas bénéficier du régime d'intégration fiscale, cependant, une société mère française détenue par une société étrangère a le droit d'opter pour le régime fiscal de groupe, si les filiales donnent leur consentement préalable à l'intégration. En revanche, la société mère a la liberté de déterminer elle-même l'étendue du périmètre d'intégration.

Les filiales françaises peuvent être intégrées au groupe fiscal lorsqu'elles sont détenues par la société mère, par l'intermédiaire d'une société étrangère (elle-même détenue à 95 % au moins par la société mère directement ou indirectement) dont le siège social est situé dans l'Union européenne ou dans un Etat partie à l'Espace économique européen ayant conclu une convention fiscale avec la France en vue de lutter contre l'évasion fiscale.

La société étrangère intermédiaire devra donner son accord à l'intégration de la filiale française dans le groupe fiscal.

Le seuil de 95% s'entend de la détention en pleine propriété de 95% des droits à dividende et de 95% des droits de vote

S'agissant des filiales indirectes, le pourcentage de détention s'apprécie en multipliant les taux de détention successifs dans la chaîne des participations, étant précisé que les filiales détenues à 95 % au moins sont assimilées à des filiales détenues à 100 %. Lorsqu'une filiale est détenue par une ou plusieurs sociétés intermédiaires, ces participations s'additionnent. Au regard du capital de la société tête de groupe, les droits détenus par l'intermédiaire d'une filiale étrangère sont considérés comme une détention indirecte.

Pour qu'une filiale indirecte puisse appartenir à un groupe intégré, il est nécessaire que toutes les sociétés interposées dans la chaîne de participations soient membres du même groupe intégré.

Sont exclues du régime de l'intégration fiscale les sociétés dont tout ou une partie du bénéfice échappe à l'impôt en vertu d'une disposition particulière, par exemple, les sociétés de capital-risque, les jeunes entreprises innovantes, les coopératives agricoles.

Cette exclusion ne concerne pas les sociétés implantées en zones franches urbaines, en zones franches outre-mer, dans un bassin d'emploi à redynamiser ou dans une zone de restructuration de la défense.

A cette condition de détention du capital s'ajoute l'obligation pour les sociétés intégrées d'ouvrir et clore leurs exercices, d'une durée obligatoire de 12 mois, aux mêmes dates. Toutefois, à tout moment au cours de la période de 5 ans, la durée des exercices peut être modifiée, une fois, pour être inférieure ou supérieure à 12 mois pour l'ensemble des sociétés membres du groupe.

Enfin, sur le plan purement formel, le régime de l'intégration fiscale ne s'applique pas de plein droit. Il nécessite le dépôt d'une option. Elle doit être déposée dans le délai légal de déclaration des résultats de l'exercice précédent et être accompagnée à la fois de la liste des sociétés membres du groupe (on parle de « périmètre » du groupe) et de l'accord formel de ces dernières pour intégrer le groupe. L'option est valable cinq ans et renouvelable indéfiniment.

Cette option prend obligatoirement effet au 1er jour de l'exercice d'option. Elle dure 5 ans et se renouvelle de manière tacite. Précision : l'administration considère qu'une société doit obligatoirement clore un exercice comptable avant de pouvoir intégrer un groupe fiscal, que ce soit en qualité de société mère « tête de groupe » ou de filiale intégrée. Souvent, cela conduit ces nouvelles sociétés à réaliser un exercice comptable assez court juste avant d'intégrer un groupe.

- Quels avantages et quels inconvénients pour l'intégration fiscale ?

Les avantages :

Le principal avantage fiscal de ce régime est la possibilité de compenser les bénéfices réalisés par certaines sociétés membres du groupe avec les déficits constatés par les autres sociétés du même groupe.

L'impôt sur les sociétés est donc calculé sur ce résultat de groupe déterminé après cette compensation opérée entre les déficits réalisés par une filiale et les bénéfices des autres sociétés du groupe intégré.

Il est impératif qu'une convention d'intégration fiscale soit conclue entre les différentes sociétés du groupe afin de définir comment la charge d'impôt sera répartie entre la société mère et ses filiales. Une clause de répartition de l'impôt est licite lorsqu'il n'en résulte pas pour des sociétés membres intégrées des charges d'impôt supérieures à celles qu'elles auraient supportées en l'absence d'intégration.

Chaque entreprise calcule, d'abord, son propre résultat. établit et déclare normalement son résultat fiscal, mais ne paie pas l'impôt sur les sociétés. La société mère détermine le résultat d'ensemble en faisant la somme algébrique des résultats de chaque société du groupe et le déclare. Elle est seule redevable de l'impôt sur les sociétés dû sur l'ensemble des résultats.

Des rectifications doivent être apportées au résultat d'ensemble afin de neutraliser les doubles emplois relatifs à des opérations réalisées entre sociétés du groupe : les abandons de créances ou les subventions directes ou indirectes consenties entre des sociétés du groupe ne sont pas pris en compte pour la détermination du résultat d'ensemble.

Le résultat fiscal du groupe qui sera imposé à l'impôt sur les sociétés est donc optimisé. Avec une imposition séparée au nom de chaque société du groupe, le montant global de l'impôt serait supérieur. Lorsque toutes les sociétés du groupe sont bénéficiaires, l'intégration fiscale peut aussi présenter des avantages. Par exemple, cela permet de :

• supprimer l'imposition de la quote-part de frais et charges afférentes aux produits de participation intragroupe,
• compenser les déficits/moins-values à long terme avec les bénéfices/plus-values à long terme réalisés par les sociétés intégrées.
• neutraliser les effets de certaines opérations intra-groupe : ajustements consistant à corriger le résultat d'ensemble (cessions d'immobilisations, des provisions, etc.)
• optimiser l'utilisation des crédits d'impôts : possibilité d'utiliser les crédits

d'impôt des sociétés intégrées déficitaires au niveau du groupe intégré.
• aider au rachat d'entreprises : technique du LBO qui permet au travers de l'intégration fiscale de compenser les charges financières dégagées dans la société holding avec les résultats de la cible (sauf amendement « Charasse » : limitation de la déduction des charges financières nettes supérieures à 3 M€, ce seuil est apprécié au niveau de l'ensemble des entités intégrées).
• neutraliser fiscalement les opérations commerciales et financières qui s'effectuent entre les différentes sociétés du groupe,
• lorsque l'IS versé au titre du résultat d'ensemble est inférieur à la somme des impôts que chaque société aurait dû payer, la société mère réalise une économie d'impôt.

Rappelons que si une société qui n'est pas membre d'un groupe intégré réalise un déficit, celui-ci ne peut être déduit ni des résultats de sa société mère, ni de ceux de ses éventuelles filiales ou sociétés sœurs. Ce déficit est placé en report en attendant que la société qui l'a constaté réalise des bénéfices (sauf mécanisme particulier dit du « Carry-back »). L'avantage fiscal est donc au mieux différé.

L'intégration fiscale permet donc au groupe de réaliser une économie d'IS immédiate par la déduction des déficits des sociétés membres. Certaines opérations réalisées entre les sociétés membres du groupe sont neutralisées pour déterminer le résultat fiscal du groupe (vente d'immobilisations entre deux sociétés du groupe par exemple). Ce dernier avantage est souvent peu significatif pour les petites entreprises.

Les inconvénients :

on recense généralement deux principaux inconvénients à l'intégration fiscale :

- sa lourdeur. En effet, même si l'impôt est calculé sur un résultat de groupe, cela ne dispense pas les sociétés membres de déclarer leur résultat individuel. Le formalisme déclaratif et la gestion d'un groupe sont donc plus lourds et souvent plus coûteux ;

- si les sociétés concernées peuvent en bénéficier, le taux réduit d'impôt sur les sociétés des PME (15 %), ne peut s'appliquer qu'une seule fois, sur le résultat du groupe. Il ne peut pas s'appliquer plusieurs fois (au niveau de chaque société membre du groupe).

Une société mère pourra donc bénéficier du taux réduit à raison du bénéfice d'ensemble, sous réserve que la somme des chiffres d'affaires réalisés par chacune des sociétés membres du groupe soit inférieur au seuil de 7,63 M€.

Pour mémoire, les sociétés éligibles (CA < 7,63 M€) bénéficient du taux de 15 % pour l'imposition de la part des bénéfices qui n'excède pas 42 500 €, sous réserve du respect des conditions suivantes : libération intégrale du capital social détention du capital social par des personnes physiques, à au moins 75%.

• gestion des déficits : la limitation de 1 M€ pour l'imputation des déficits s'applique de manière globale pour toutes les sociétés du groupe ; difficultés de traitement des déficits antérieurs à l'entrée dans le groupe.

• des exercices comptables d'une durée d'une année entière, qui doivent débuter et être clôturés aux mêmes dates ; en pratique, dans le cas où une entreprise, dans laquelle le groupe de sociétés détient au moins 95 % de son capital, a été rachetée ou constituée au cours de l'année, celle-ci ne pourra bénéficier de ce régime que pour le deuxième exercice de son activité et ce sur demande de la société mère.

• CVAE : la détermination du taux de CVAE se calcule sur l'ensemble des sociétés composant le « groupe économique » et s'applique ensuite à chacune des sociétés membres du «groupe économique», ce qui peut augmenter sensiblement le coût de la CVAE.

• déneutralisation de certaines opérations intragroupes en cas de sortie d'une filiale ou en cas de cessation du régime de groupe (subvention et abandons de créances déduits du résultat d'ensemble dans les 5 ans précédant la sortie de l'une des sociétés concernées ; plus ou moins- values de cessions d'immobilisations ou de cessions de titres).

Exemple :

Monsieur A crée une société H. Cette dernière emprunte et achète la société X. À la fin de l'exercice fiscal, les bénéfices réalisés par la société X sont imposés au sein de la société H.

Cette dernière déclare l'ensemble du résultat du groupe.
La société mère est une holding. Elle n'a aucune autre activité que celle de la gestion des titres des filiales. Elle a emprunté pour acheter la société X et paye des intérêts.

Par conséquent, la société H est déficitaire. Ce déficit est imputable du résultat imposable de tout le groupe et permet de diminuer la base taxable à l'impôt sur les sociétés.

Bénéfice de la société X : 100 000 €
Déficit de la société H : 20 000 €
Base taxable à l'IS : 80 000 €
Impôt sur les sociétés : 19 678 €
Montant restant après impôt : 80 322 €

Sortie du régime de l'intégration fiscale :

Toute opération touchant le capital d'une filiale ayant pour effet de faire tomber le seuil de détention de la filiale en dessous de 95% entraîne la sortie de la filiale du groupe fiscal.

CHAPITRE 3
Optimiser les produits imposables et les charges déductibles

Optimiser les produits imposables

Au niveau du chiffre d'affaires

Les marges de l'entreprise sont limitées en la matière. Le levier d'action disponible consiste à ralentir momentanément son activité. Bien sûr, cette technique ne peut être intéressante que si elle ne met pas en difficulté l'entreprise. L'idée est que si votre activité est réduite, votre bénéfice baissera et cela fera diminuer mécaniquement votre imposition.

Etaler les plus-values et les indemnités

En principe, les recettes à retenir pour le calcul du bénéfice imposable comprennent toutes les ventes ou prestations de services réalisées au cours de l'exercice écoulé. Si l'entreprise est soumise à une comptabilité de créances et de dettes, sont retenues toutes "les créances certaines", c'est-à-dire non encore encaissées. Toutefois il existe la possibilité d'étaler certaines recettes sur plusieurs exercices.

- ainsi en cas de cession des éléments de l'actif professionnel, les plus-values à court terme réalisées peuvent être réparties sur l'année en cause et les deux années suivantes, soit trois ans au total. La progressivité de l'impôt sur le revenu sur ces plus-values est donc atténuée.

- si l'entreprise est victime d'un sinistre (ou d'une expropriation), l'indemnité d'assurance constitue également, en principe, une plus-value imposable à court terme, qui peut être cependant étalée sur une période équivalente à la durée d'amortissement déjà pratiquée sur le bien détruit, dans la limite de quinze ans.

- en cas de perception d'une subvention d'équipement, celle-ci est imposable. Mais lorsqu'elle sert à financer un bien amortissable, l'imposition peut être étalée sur la durée d'amortissement de ce bien. Si elle sert au financement d'un bien non amortissable, elle peut être étalée sur toute la durée de détention de ce bien ou, sinon, sur une période de dix ans.

- en cas de perception d'une indemnité d'assurance souscrite en garantie d'un emprunt, l'imposition peut être étalée sur une période de cinq ans.

Bon à savoir : l'étalement des recettes ou d'une indemnité est toujours facultatif. Si l'expert-comptable rédige la déclaration de résultat, il est important de veiller à ce qu'il n'oublie pas cette option.

Bénéficier du système du "quotient" :

Le système du quotient est un régime d'imposition particulier qui permet d'atténuer les effets de la progressivité de l'impôt, en étalant sur une période de quatre ans le supplément d'impôt qui résulte de certains revenus exceptionnels.

En principe, les revenus perçus dans le cadre normal d'une activité professionnelle ne peuvent pas bénéficier de ce système avantageux, même lorsque leur montant varie fortement d'une année sur l'autre. Mais il y a des exceptions dans certains cas :

- les plus-values à court terme réalisées en fin d'exploitation ;

- l'indemnité perçue en vertu d'une assurance "homme-clé". Il s'agit d'une assurance souscrite sur la tête du chef d'entreprise ou d'un salarié ayant un poste-clé et qui garantit à l'entreprise le versement d'un capital si cette personne décède ou ne peut plus travailler à la suite d'une invalidité ;

- le pas-de-porte, le droit au bail ou le droit d'entrée perçu à l'occasion de la conclusion d'un bail commercial.

Bon à savoir : un revenu est considéré comme exceptionnel lorsque son montant dépasse la moyenne des revenus nets imposés au cours des trois années précédentes.

Clôturer son exercice à la bonne date

En général, lorsqu'il reprend une entreprise, le dirigeant choisit la même date de clôture d'exercice que celle de son prédécesseur. De même, lors de la création d'une entreprise, on choisit souvent le 31 décembre comme fin de l'exercice fiscal. Mais il peut être intéressant de choisir une date plus avantageuse.

Pour les entreprises qui ont une activité saisonnière, tout d'abord, mieux vaut en général arrêter les comptes à la fin de la saison et dans une période où le niveau du stock est faible. La valeur du stock au bilan sera ainsi minimisée et la trésorerie optimisée.

Ensuite, certains avantages fiscaux s'appliquent aux exercices clos à compter du 31 décembre ou du 1er janvier. Pour cette raison, il est plus judicieux de clôturer en janvier ou février plutôt qu'en novembre ou décembre. L'avantage fiscal peut alors être obtenu plus vite et pour une année pleine.

Surtout, lorsque les bénéfices d'une année civile sont élevés, il peut être intéressant de clôturer en milieu d'année, afin de diminuer le bénéfice imposable et donc le montant de l'impôt à payer. De même, en cas de cession de l'entreprise, il est plus avantageux d'avoir un exercice inférieur à douze mois pour éviter d'être pénalisé par la progressivité de l'impôt sur le revenu.

Enfin, en clôturant notamment entre le 1er avril et le 3 novembre, l'expert-comptable est beaucoup plus disponible pour l'entreprise.

Attention toutefois : lorsque des cotisations sociales sont payables par trimestre, mieux vaut démarrer ou clôturer un exercice en début de trimestre civil et non en cours de trimestre. Certains organismes sociaux réclament en effet la valeur d'un trimestre entier de cotisations même si la période d'activité dans le trimestre est, par exemple, d'un mois seulement. Ce qui peut alors conduire les dirigeants de petites entreprises à des difficultés de trésorerie.

Bon à savoir : un entrepreneur individuel peut choisir librement sa date de clôture et en changer, mais en évitant de réduire l'exercice de plus de trois mois lors du changement. Le fisc pourrait considérer alors qu'il s'agit d'un abus de droit et non d'une simple habileté fiscale autorisée. De même, il est préférable de ne pas changer la date de clôture chaque année.

Optimiser les charges courantes déductibles

La plupart des charges courantes supportées par l'entreprise pour exercer son activité sont déductibles. Mais pour qu'une dépense soit déductible, elle doit remplir plusieurs conditions :

- servi l'intérêt direct de l'exploitation et le développement du chiffre d'affaires;
- être cohérente avec l'objet social ;
- entrer dans une gestion normale de l'entreprise (pas excessive) ;
- être comptabilisée en charge au cours de l'exercice rattaché ;
- ne pas être la contrepartie d'une immobilisation ;
- être réelle et s'appuyer sur des pièces justificatives ;
- ne pas faire partie des exceptions prévues par la loi.

Cela peut recouvrir des dépenses diverses comme :

- l'achat de produits en vue d'une revente dans le cadre d'une activité commerciale ;

- les dépenses de personnel ;

- les frais financiers ;

- les frais de repas et de déplacement ;

- les dépenses professionnelles (frais d'envois postaux, fournitures de bureau, de téléphone ...) ;

- les frais d'actes et de contentieux ;

- les coûts liés à la formation professionnelle ou aux voyages d'affaires ;

- les dépenses vestimentaires liées à l'activité professionnelle

- les frais de publicité;
- les frais informatiques;
- les voyages d'affaires ;

• les provisions

Parmi toutes ces charges une attention particulière peut être portée sur des postes qui constituent de véritables leviers d'optimisation aux fins de diminuer le bénéfice imposable.

Augmenter la rémunération du dirigeant et gratifier le personnel

La rémunération du dirigeant constitue une charge déductible du résultat imposable de l'entreprise, au même titre que les primes versées au personnel, et c'est également le cas pour les charges sociales afférentes. Le dirigeant a donc la possibilité de réduire l'impôt sur les sociétés en maximisant son revenu et/ou en récompensant ses employés. Les charges sociales augmentent également proportionnellement. En conséquence, l'impôt sur les sociétés dû diminue.

En augmentant le revenu de chef d'entreprise et des employés, mécaniquement, le bénéfice imposable diminue de même que l'impôt sur les sociétés. Pour que l'opération demeure intéressante, il faut s'assurer que les niveaux de prélèvements ne transforment pas cette astuce en opération blanche.

Souscrire des contrats d'assurance complémentaire au nom de l'entreprise

Le dirigeant peut également décider de souscrire des contrats d'assurance complémentaire, pris en charge par l'entreprise, pour bonifier sa protection sociale selon ses propres besoins (retraite, prévoyance…).

Les primes versées par l'entreprise pourront être déduites du résultat fiscal imposable jusqu'à une certaine limite. L'expert-comptable de l'entreprise ou l'assureur mandaté peuvent calculer le montant maximum déductible au titre de ces contrats.

Pour l'entrepreneur individuel plus spécifiquement, salarier son conjoint,

pour profiter d'une large déductibilité de son salaire et des cotisations sociales ;

Utiliser les contrats Loi Madelin retraite/santé/prévoyance

pour déduire le maximum de cotisations (il faut pour cela calculer son disponible fiscal) ;

Profiter d'un PEE/PEI ou d'un PERCO

alimenté par la participation ou l'intéressement

Financer la retraite complémentaire de ses salariés

Les cotisations sont déductibles de l'IS, ce qui permet d'augmenter le revenu des salariés sans que cela ne coûte à l'entreprise. L'avantage : proposer une rémunération plus attractive aux collaborateurs, de nature à les attirer et à les fidéliser.

Rémunérer les avances en compte courant d'associé

Les avances effectuées par les associés à la société par l'intermédiaire de leur compte courant d'associé peuvent être rémunérées par un intérêt déductible du résultat imposable dans certaines limites fixées par l'administration fiscale. Ainsi, le résultat imposable est diminué pour un montant égal aux intérêts versés admis en déduction et les associés perçoivent un revenu supplémentaire.

Maximiser ses frais financiers

- bénéficier de prêts intragroupes

Une entreprise peut également optimiser sa fiscalité en maximisant la déduction des charges financières. Cela consiste en la déduction des intérêts des emprunts réalisés pour acquérir des titres d'une société cible ou auprès de sociétés liées.

Le fait de maximiser la déduction des charges financières est un des leviers d'optimisation d'impôt le plus pratiqué par les grandes compagnies. Pour y parvenir, plusieurs entreprises minorent le résultat imposable grâce à une déduction des intérêts des emprunts qu'elles ont souscrits chez d'autres sociétés. En plus des crédits intragroupes, les compagnies peuvent entreprendre certains investissements tels que l'acquisition des titres appartenant à une entreprise déterminée.

La mise en place de ce projet se fait grâce à une holding. L'établissement devra s'endetter pour acquérir des titres diffusés par des entreprises. Lors de cette opération, les intérêts d'emprunt seront liés à la déduction du résultat imposable tandis que les dividendes seront exonérés puisque l'application du régime est liée à la holding et à (aux) filiale (s). Cette opération permet de couvrir les crédits souscrits. Les entreprises qui acquièrent les titres émis par la société mère seront souvent déficitaires. Toutefois, les montants engagés sont exonérés au même titre que les charges. Cette situation peut s'améliorer grâce au régime d'intégration fiscale qui permet d'imputer les déficits des entreprises sur les bénéfices obtenus des autres entités. Rappelons que la déductibilité des frais est limitée. En effet, les charges supportées par une compagnie soumise à l'impôt sur les sociétés ne peuvent être déductibles qu'à 75 % lorsque les frais dépassent 3 millions d'euros.

- autres prêts

Pour l'entrepreneur individuel dans l'immobilier locatif, peuvent être déduits des revenus les intérêts du crédit immobilier en cas d'option pour le régime réel d'imposition (impossible dans le cadre du régime micro-foncier).

A noter que les intérêts d'emprunt pour l'acquisition de parts de SCPI en direct (et non dans le cadre d'une assurance-vie) peuvent être déduits du bénéfice.

Frais divers

    • acheter ses locaux professionnels et les louer à l'entreprise pour augmenter les charges déductibles ;

    • recalculer les frais liés à l'usage du véhicule personnel (entrepreneur individuel) dans le cadre de l'exercice de l'activité professionnelle, soit au réel, soit au barème kilométrique publié chaque année par l'administration ;

- investissement et immobilisation :

d'une part, l'amortissement des immobilisations fait baisser le bénéfice imposable ; d'autre part, la législation permet dans certains cas de passer les investissements en charges déductibles, comme les dépenses de recherche-développement ou l'achat de matériel. Mais même lorsque les investissements sont à classer dans la catégorie des immobilisations, il est possible de jouer sur la durée des amortissements pour réduire l'IS. En se basant sur les barèmes de l'administration fiscale, opter pour la durée la plus courte pour accélérer l'amortissement est une bonne solution de façon à réduire rapidement le bénéfice imposable.

Comment réduire le montant de la TVA ?

Peut-on faire de l'optimisation fiscale sur la TVA ? Tout d'abord, il faut prendre conscience que pour une entreprise, la TVA n'est pas une charge à proprement parler. En effet, le rôle de l'entreprise est de collecter la TVA sur les ventes pour la reverser à l'État. Le montant de TVA perçu n'appartient pas à l'entreprise.

Toutefois, la TVA à payer peut être réduite (et non celle collectée pour le compte de l'Etat). Cela peut se faire lors d'un investissement: lorsque des achats amortissables sont réalisés, la TVA payée peut être récupérée. C'est le cas pour l'acquisition d'une voiture, de mobilier, d'outils professionnels, etc.

Investir dans l'immobilier en Outre-Mer

L'investissement locatif pour défiscaliser, ce n'est pas que pour les particuliers !
Si la loi Pinel est réservée aux particuliers, le dispositif Girardin intéresse – dans tous les sens du terme – les entreprises soucieuses de réduire leur impôt sur les sociétés. Le deal : l'achat d'un logement neuf dans les DOM-TOM donne lieu à une réduction totale du montant de l'investissement sur le résultat imposable de l'année où a lieu l'acquisition. L'éventuel déficit est reportable en avant et en

arrière, ce qui promet une ou plusieurs années de réduction voire d'exonération d'IS.

Le dispositif Girardin s'accompagne toutefois de conditions de location du bien acquis (location nue en résidence principale pendant 6 ans, plafonnement du loyer et des revenus du locataire).

Augmenter les provisions

En étant prudent, on peut être doublement gagnant !

Les provisions permettent de parer un coup dur pour la société, mais elles sont aussi un moyen de réduire le bénéfice imposable, et donc l'impôt sur les sociétés. Mais attention : les montants provisionnés doivent respecter certaines conditions pour ne pas vous attirer les foudres du fisc. Ils doivent concerner des charges déductibles, faire l'objet d'une estimation précise du risque provisionné, concerner une perte probable, résultant d'évènements ayant lieu avant la clôture des comptes.

Il faut penser notamment aux provisions pour charges, faciles à anticiper. On ne peut pas en revanche provisionner un licenciement… Mais pour ce cas précis, on peut réduire l'IS en souscrivant une assurance spécifique, dont la prime est imputable sur le résultat imposable.

Profiter de réductions ou déductions d'impôt ...

pour les versements aux organismes de formation professionnelle continue, les dons aux œuvres d'intérêt général, l'acquisition d'œuvres originales d'artistes vivants.

S'engager dans le caritatif ou le mécénat

Faites un don, l'État vous le rendra !

Enfin , plutôt, il remboursera l'entreprise sous forme de réduction de l'impôt sur les sociétés de 40 à 90 % de la valeur du don, si elle respecte les conditions fixées par l'administration fiscale.

Acheter un bien culturel considéré comme un trésor national ? 40 % de déduction fiscale.

Effectuer un don à une œuvre d'intérêt général ? 60 %.

Contribuer à l'achat public d'un trésor national ? 90 % !

Quel intérêt pour la société ? Des bénéfices en termes d'image, qui plus est si est construite une communication autour de l'opération caritative ou de mécénat.

CHAPITRE 4
Optimiser le résultat imposable à déclarer

Comment faire baisser le bénéfice d'une entreprise? Ou comment diminuer son résultat comptable ? Plusieurs astuces d'optimisation fiscale pour entreprise existent.

Diviser les impôts à payer en utilisant les prix de transfert

Il est bien connu que les différences de règles d'imposition entre pays fournissent aux multinationales des opportunités d'arbitrage qui leur permettent de minimiser le taux d'imposition auquel elles font face. La manipulation des prix de transfert est considérée comme l'une des méthodes les plus utilisées par les entreprises multinationales pour transférer leurs bénéfices dans des pays dont la fiscalité est plus avantageuse.

1ère schéma, celui des centrales d'achat

Les prix de transfert correspondent aux prix pratiqués pour l'achat de biens et services entre entreprises du même groupe. Ils peuvent concerner tous types de transactions. Peu de personnes le savent, mais 60 % du commerce international est constitué par du commerce intra-groupe.

Par exemple, si une entreprise de commerce en ligne s'approvisionne en Chine, il pourrait être judicieux qu'elle interpose une centrale d'achat entre elle et le fournisseur chinois.

Dans ce montage, une entité intermédiaire dont le rôle est d'acheter des produits semi finis est créée dans une autre juridiction. Cette centrale revend ensuite individuellement aux distributeurs locaux les produits finis. Comme les prix d'achat en gros sont fortement dégressifs, la centrale d'achat réalise de fortes marges. Cette marge n'est que faiblement taxée. Une partie du profit est alors faiblement taxée car la marge bénéficiaire est réalisée dans le pays de localisation de la centrale d'achat.

Deux conditions doivent être réunies pour que ce montage soit valide. Premièrement, le prix de revente doit être un prix de pleine concurrence. Concrètement, il faudra prouver que la marge corresponde au prix qui aurait été pratiqué si la transaction avait eu lieu entre deux entités indépendantes. Cette preuve nécessite la rédaction d'une étude de prix de transfert. Deuxièmement, la centrale d'achat doit avoir la substance nécessaire pour réaliser ses fonctions. Sans cela, l'administration pourrait remettre en cause ce montage.

2ème schéma, transactions entre firmes d'un même groupe

Les prix de transfert sont les prix pratiqués dans les transactions intra-firmes. Ces prix peuvent être déterminés de manière à transférer les bénéfices d'un groupe dans ses filiales implantées dans des pays dont la fiscalité est la plus avantageuse. Par exemple, lors de la vente d'un bien, une entreprise française peut facturer à sa filiale étrangère, localisée dans un pays à faible taux d'imposition, un prix inférieur au prix de marché (prix qui serait normalement appliqué pour une même transaction mais avec une entreprise tierce) de façon à minorer ses bénéfices en France et donc y limiter l'impôt sur les bénéfices à payer.

Commentaires :

L'application d'un prix de transfert plus bas que le prix de marché n'est pas nécessairement illégale : la réglementation concernant les prix de transfert est suffisamment vague pour que l'entreprise puisse justifier de l'usage d'un prix inférieur dans les transactions intra-firme plutôt que dans les transactions avec un tiers (différentiation des produits, contenu en innovation, etc.).

Des études ont montré que la manipulation des prix de transfert à des fins fiscales est le fait d'un petit nombre de très grandes entreprises multinationales exportant vers quelques paradis fiscaux. En effet, près de 450 entreprises réalisent plus de 90 % des exportations intra-firmes vers les paradis fiscaux.

En outre, l'optimisation fiscale est mise en place vers des destinations qui combinent des taux d'imposition relativement faibles et d'autres aspects des politiques fiscales accommodantes tels que le régime du « Double Irish » en Irlande ou le secret bancaire en Suisse mais également vers quelques paradis fiscaux tels que Hong Kong, le Luxembourg, Singapour.

La perte en recette fiscale de l'Etat français due à la manipulation des prix de transfert peut être évaluée à 1 % par an ce qui, cumulé sur plusieurs années, semble donc assez important.

Profiter des réductions et des exonérations fiscales

Pour réduire l'IS et/ou bénéficier d'exonération d'autres impôts et taxes, il existe plusieurs dispositifs d'allègements fiscaux pour encourager l'entrepreneuriat et qui permettent de faire de l'optimisation fiscale pour l'entreprise.

1 – activités exercées dans les quartiers prioritaires de la ville

- Créations et extensions d'établissements dans les QPV : exonération de Contibution Foncière des Entreprises (CFE)

La création d'établissement désigne une implantation nouvelle d'une entreprise dans une commune dès lors qu'il n'y a pas changement d'exploitant. L'extension d'établissement correspond quant à elle à l'augmentation des moyens de production d'un établissement existant.

Pour bénéficier de cette exonération, l'entreprise doit réunir toutes les conditions suivantes :
- employer moins de 150 salariés,
- dépendre d'une entreprise qui respecte tous les critères suivants :
    - employer moins de 250 salariés,
    - réaliser un chiffre d'affaires annuel HT supérieur à 50 millions d'euros ou avoir un bilan annuel supérieur à 43 millions d'euros (un seul de ces deux critères doit être satisfait),
    - lorsque l'entreprise est une société, son capital ou les droits de vote ne doivent pas être détenus directement ou indirectement à hauteur de 25 % ou plus par une ou plusieurs entreprises ne répondant pas aux conditions d'effectif, de chiffres d'affaires ou de total de bilan mentionnés précédemment.

- Petites entreprises exerçant des activités commerciales dans les QPV : exonération de CFE

Pour bénéficier de cette exonération, toutes les conditions suivantes doivent être réunies :
- l'établissement doit exercer une activité commerciale
- Effectif de l'entreprise (sont comptabilisés les salariés de l'ensemble des établissements de l'entreprise, situés ou non dans un QPV) :
    - moins de 11 salariés si l'établissement existe au 1er janvier 2015 ou a été créé en 2015 ou 2016,
    - moins de 50 salariés si l'établissement existe au 1er janvier 2017 ou a été créé depuis 2017,
    - pour les établissements créés depuis le 1er janvier 2020, cette condition est appréciée pour chaque exercice.
- Chiffre d'affaires de l'entreprise :
    - chiffre d'affaires annuel ou bilan inférieur à deux millions d'euros si l'établissement existe au 1er janvier 2015 ou a été créé en 2015 ou 2016
    - chiffre d'affaires annuel ou bilan annuel inférieur à 10 millions d'euros si l'établissement existe au 1er janvier 2017 ou a été créé depuis 2017
- Lorsque l'entreprise est une société, son capital ou les droits de vote ne doivent pas être détenus directement ou indirectement à hauteur de 25 % ou plus par une ou plusieurs entreprises ne répondant pas aux conditions d'effectif, de chiffres d'affaires ou de total de bilan mentionné précédemment.

- Petites entreprises exerçant des activités commerciales dans les QPV : conditions d'exonération

Pour bénéficier de cette exonération, toutes les conditions suivantes doivent être réunies :
- l'établissement doit exercer une activité commerciale
- Effectif de l'entreprise (sont comptabilisés les salariés de l'ensemble des établissements de l'entreprise, situés ou non dans un QPV) :
  - moins de 11 salariés si l'établissement existe au 1er janvier 2015 ou a été créé en 2015 ou 2016,
  - moins de 50 salariés si l'établissement existe au 1er janvier 2017 ou a été créé depuis 2017,
  - pour les établissements créés depuis le 1er janvier 2020, cette condition est appréciée pour chaque exercice.
- Chiffre d'affaires de l'entreprise :
  - chiffre d'affaires annuel ou bilan inférieur à deux millions d'euros si l'établissement existe au 1er janvier 2015 ou a été créé en 2015 ou 2016
  - chiffre d'affaires annuel ou bilan annuel inférieur à 10 millions d'euros si l'établissement existe au 1er janvier 2017 ou a été créé depuis 2017
- Lorsque l'entreprise est une société, son capital ou les droits de vote ne doivent pas être détenus directement ou indirectement à hauteur de 25 % ou plus par une ou plusieurs entreprises ne répondant pas aux conditions d'effectif, de chiffres d'affaires ou de total de bilan mentionné précédemment.

- L'exonération de CFE s'applique de manière totale pendant cinq ans. Ensuite la base d'imposition à la cotisation foncière des entreprises bénéficie d'un abattement égal à :
- 60 % la 6e année,
- 40 % la 7e année,

- 20 % la 8e année.

Si l'entreprise est créée dans un QPV, l'exonération commence à partir de l'année suivant la date de sa création. Si l'entreprise s'installe dans un QPV, l'exonération commence à partir de la 2e année suivant son installation.

L'exonération s'applique dans les limites d'un montant de base nette imposable suivantes :

	Seuils 2023	Seuils 2024
Créations ou extensions d'établissements dans les QPV	30 630 €	32 468 €
Activités commerciales dans les QPV	82 626 €	87 584 €

- exonération de taxe foncière sur les propriétés bâties (TFPB)

L'exonération s'applique aux locaux situés dans les QPV qui répondent à une des conditions suivantes :
- le local existe au 1er janvier 2017 et est rattaché à cette date à un établissement qui remplit les conditions pour bénéficier de l'exonération de CFE,
- le local a été rattaché entre le 1er janvier 2017 et le 31 décembre 2024 à un établissement bénéficiant d'une exonération de CFE.

L'exonération s'applique pour une durée de cinq ans. Cette exonération cesse définitivement de s'appliquer à compter de l'une des deux dates suivantes :
- 1er janvier de l'année suivant celle où les immeubles ne sont plus affectés à une activité commerciale,
- 1er janvier de la 2e année de non-respect d'une autre condition d'exonération.

2 - Zones franches urbaines-territoires entrepreneurs (ZFU-TE)

Les zones franches urbaines sont des quartiers de plus de 10 000 habitants, situés dans des périmètres géographiques dits sensibles ou défavorisés. Il en existe une centaine.

Pour favoriser le développement économique de ces zones, les entreprises souhaitant s'y implanter bénéficient d'un dispositif d'exonération d'impôt sur les bénéfices (impôt sur les sociétés ou impôt sur le revenu) pendant cinq ans.

Pour bénéficier de ce dispositif d'exonération d'impôt, les entreprises, quels que soient leur statut juridique et leur régime d'imposition, doivent remplir les critères suivants :

- exercer une activité industrielle, commerciale, artisanale ou libérale,
- s'implanter en ZFU-TE entre le 1er janvier 2016 et le 31 décembre 2024,
- employer moins de cinquante salariés,
- réaliser un chiffre d'affaires ou un total de bilan inférieur à 10 millions d'euros,
- le capital de l'entreprise ou ses droits de vote ne doivent pas être détenus pour plus de 25 % par une entreprise de plus de 250 salariés avec un chiffre d'affaires annuel hors taxes excédant 50 millions d'euros (ou avec un total de bilan supérieur à 43 millions d'euros),
- l'effectif de l'entreprise doit inclure au moins 50 % de salariés (en CDI ou en CDD d'au moins 12 mois) résidant en ZFU-TE ou dans un quartier prioritaire de la ville (QPV). Cette disposition s'applique à partir de l'embauche du 2e salarié. L'effectif de l'entreprise doit être respecté pour chaque année d'imposition.
- pour les entreprises créées à partir du 1er janvier 2016, l'exonération d'impôt sur les bénéfices est subordonnée à la signature d'un contrat de ville.

Les entreprises exerçant leur activité dans les secteurs suivants ne sont pas éligibles au dispositif d'exonération d'impôt sur les bénéfices :

- construction automobile et navale
- fabrication de fibres textiles artificielles ou synthétiques
- sidérurgie
- transports routiers de marchandises

- activités de crédit-bail mobilier et de location d'immeubles à usage d'habitation.

Les entreprises concernées par ce dispositif peuvent bénéficier d'une exonération d'impôt sur les bénéfices à 100 % pendant cinq ans. Elle est ensuite dégressive les années suivantes:
- exonération de 60 % la 6e année,
- exonération de 40 % la 7e année,
- exonération de 20 % la 8e année.

L'exonération est soumise à un plafonnement de 50 000 € par période de 12 mois.
Ce plafond est majoré de 5 000 € par nouveau salarié résidant dans la ZFU-TE et embauché à temps plein pendant au moins six mois.
Les bénéfices réalisés par des activités exercées hors d'une ZFU-TE sont exclus de l'exonération.

3 - Les zones d'aide à finalité régionale (AFR)

Les zones d'aide à finalité régionale ou zones AFR correspondent à des territoires de l'Union européenne considérés comme en difficulté.
Le zonage des aides à finalité régionale est approuvé par la Commission européenne et fixé par décret. Il délimite les zones dans lesquelles les pouvoirs publics, État et collectivités locales, pourront allouer, sur la période 2022-2027, des aides aux entreprises pour encourager les investissements et la création durable d'emplois.

Ces aides peuvent notamment prendre la forme d'avantages fiscaux.

Pour pouvoir être éligibles, les entreprises doivent respecter certaines conditions :
- être nouvellement créées,
- exercer une activité industrielle, commerciale ou artisanale,

- être implantées dans une zone AFR avant le 31 décembre 2027,
- être soumises à un régime réel d'imposition et avoir vocation à réaliser des bénéfices.

Sont exclues les activités bancaires, financières et d'assurance (sauf courtage), de gestion ou location d'immeubles et les activités de pêche maritime.

Si l'entreprise est constituée sous forme de société, le capital de l'entreprise ne doit pas être détenu pour plus de 50 % par d'autres sociétés.

Exonérations d'impôts en zones AFR :

impôt sur les bénéfices (IR ou IS)	Deux ans en totalité et de manière dégressive les trois années suivantes à hauteur de 75 % puis 50 % et enfin 25 %.	Le montant de l'avantage fiscal est subordonné au respect de la réglementation relative aux aides de minimis (300 000 euros d'aides sur trois exercices fiscaux).
Cotisation foncière des entreprises (CFE)	Exonération totale ou partielle sur cinq ans maximum (sur délibération des communes et de leurs EPCI).	La limite de l'exonération est fixée par des règles communautaires en fonction de la zone concernée et du type d'entreprise.
Cotisation sur la valeur ajoutée des entreprises (CVAE)	Les entreprises éligibles à l'exonération de CFE peuvent bénéficier également d'une exonération de CVAE sur la part communale de cette cotisation revenant aux communes, dans les mêmes proportions que la CFE. Les régions et les départements peuvent aussi décider d'exonérer leur part sur délibération.	Comme pour la limite d'exonération de CFE, renseignez-vous auprès du service des impôts

4 - Les bassins d'emploi à redynamiser (BER)

Ils correspondent à des parties du territoire français caractérisées par un déclin démographique et par un taux de chômage supérieur au taux national.

Actuellement, les BER regroupent les communes fragilisées de deux régions : Grand Est (zone d'emploi de la vallée de la Meuse et Occitanie (zone d'emploi de Lavelanet).

La qualification d'un territoire en BER permet aux entreprises qui s'y implantent jusqu'au 31 décembre 2025 de bénéficier pendant cinq ans des exonérations fiscales et sociales suivantes :
- exonération d'impôt sur les bénéfices (impôt sur les sociétés ou impôt sur le revenu pour les entrepreneurs relevant des BIC)
- exonération de cotisation foncière des entreprises (CFE)
- exonération de la taxe foncière sur les propriétés bâties (TFPB)
- exonération de cotisations patronales.

Toutes les entreprises qui exercent une activité industrielle, commerciale ou artisanale, et ce quel que soit leur statut juridique, leur mode et leur régime d'imposition sont éligibles.

Les activités de crédit-bail mobilier, agricoles, de construction vente ou de gestion de patrimoine mobilier ou immobilier sont exclues du dispositif d'exonération.

Les entreprises qui s'installent en BER bénéficient aussi d'une exonération des cotisations patronales : les salariés doivent avoir une activité réelle, régulière et indispensable à l'exécution du contrat de travail.

5 - Les zones de restructuration de la défense (ZRD)

Les zones de restructuration de la défense (ZRD) comprennent les zones du territoire français affectées par la réorganisation des unités militaires. Elles sont notamment touchées par une baisse d'activité des entreprises et une chute significative de l'emploi.
La liste des ZRD est fixée par un arrêté qui détermine, pour chaque zone, l'année au titre de laquelle elles sont reconnues comme zone de restructuration de la défense.
Afin de favoriser l'implantation de nouvelles activités dans ces territoires, des aides

fiscales et sociales soutiennent la création d'entreprise :
- exonération d'impôts sur les bénéfices
- exonération de cotisation foncière des entreprises
- exonération de taxe foncière sur les propriétés bâties
- exonération des cotisations patronales.

Le dispositif d'exonérations s'adresse à toutes les entreprises quel que soit leur régime d'imposition sous réserve de respecter les conditions suivantes :

Il doit s'agir d'une activité nouvelle ou inexistante auparavant dans la ZRD d'implantation. L'exonération est réservée aux entreprises nouvelles ou existantes qui créent des activités nouvelles dans les ZRD pendant une période de six ans débutant :
- à compter de la date de publication de l'arrêté de délimitation de la ZRD
- ou si cette date est postérieure, à partir du 1er janvier de l'année précédant celle au titre de laquelle la ZRD est reconnue.

L'activité doit être :
- industrielle, artisanale ou commerciale
- ou libérale si celle-ci s'exerce en société soumise à l'impôt sur les sociétés
- ou de location d'immeubles professionnels munis de leurs équipements.

Il est accordé une exonération totale d'impôt sur le revenu ou d'impôt sur les sociétés pendant cinq ans.
Les deux années suivantes, l'exonération est égale à :
- 2/3 des bénéfices la 1re année
- 1/3 des bénéfices la 2e année.

De plus, les communes et les établissements publics de coopération intercommunale dotés d'une fiscalité propre peuvent sur délibération accorder une exonération totale de la cotisation fiscale des entreprises (CFE) pendant cinq ans aux entreprises pour création ou extension d'établissement dans une ZRD. Cette exonération commence soit l'année suivant la création de l'entreprise, soit l'année qui suit l'extension de l'établissement.

De même, sur délibération des collectivités territoriales, si l'entreprise est éligible à l'exonération de CFE, une exonération de taxe foncière sur les propriétés bâties pour les bâtiments situés en ZRD est possible. L'exonération est totale pendant cinq ans.

Enfin, il est accordé une exonération de cotisations patronales d'assurances sociales et d'allocations familiales. L'exonération est applicable pendant cinq ans à compter de l'implantation ou de la création en ZRD. Pour une rémunération mensuelle brute inférieure à 1,4 fois le smic, l'exonération est totale les trois premières années, puis réduite d'1/3 la 4e année et de 2/3 la 5e année.

6- Les zones de revitalisation rurale (ZRR) – zones France Ruralités Revitalisation, depuis le 1/07/2024

Les zones de revitalisation rurale (ZRR) regroupent à l'échelle nationale un ensemble de communes reconnues comme fragiles sur le plan socio-économique.
Afin de favoriser le développement de ces territoires ruraux, des aides fiscales et sociales soutiennent la création ou la reprise d'entreprise.

Sous réserve de remplir certaines conditions, liées notamment à l'effectif et à la nature de l'activité de l'entreprise, il est accordé temporairement :
- une exonération d'impôt sur les bénéfices
- une exonération de contribution économique territoriale : contribution foncière des entreprises et contribution sur la valeur ajoutée des entreprises
- une exonération de la taxe foncière sur les propriétés bâties et de taxe d'habitation sur les résidences secondaires,

- une exonération de cotisations patronales d'assurances sociales et d'allocations familiales.

- impôt sur les bénéfices

Le siège social ainsi que l'ensemble de l'activité et des moyens d'exploitation de l'entreprise doivent être implantés dans une ZRR.

Par ailleurs, l'entreprise doit respecter les conditions suivantes :
- exercer une activité industrielle, commerciale, artisanale ou libérale,
- être soumise à un régime réel d'imposition,
- employer moins de 11 salariés en CDI ou en CDD de six mois au minimum à la date de clôture du premier exercice et au cours de chaque exercice de la période d'application,
- avoir moins de 50 % de son capital détenu par d'autres sociétés.

Sont exclues :
- les micro-entreprises,
- les activités bancaires, financières, d'assurance, de gestion ou de location d'immeubles et de pêche maritime.

L'exonération est totale les cinq premières années. Par la suite, l'exonération est partielle et dégressive pendant les trois années suivantes, soit :
- 75 % d'exonération sur les bénéfices réalisés la sixième année,
- 50 % la septième année,
- 25 % la huitième année.

- la CFE et la CVAE

Sauf délibération contraire des collectivités territoriales, l'entreprise est exonérée de la CFE et de la CVAE si elle répond à l'un des cas suivants :

- extension ou création, reconversion, ou reprise d'établissements exerçant des activités industrielles ou de recherche scientifique et technique, ou de services de direction, d'études, d'ingénierie et d'informatique,
- création d'activités par des artisans, inscrits au registre national des entreprises (RNE) procédant à des travaux de fabrication, de transformation, de réparation ou des prestations de services et pour lesquels la rémunération du travail représente plus de 50 % du chiffre d'affaires,
- création d'activité commerciale et reprise d'activité commerciale ou artisanale réalisée par une entreprise exerçant le même type d'activité, avec moins de cinq salariés et installée dans une commune de moins de 2 000 habitants.

Sauf décision contraire de la collectivité par délibération, l'exonération porte sur l'ensemble de la contribution économique territoriale (CFE et CVAE) sur cinq ans maximum.

-la taxe foncière sur les propriétés bâties et taxe d'habitation sur les résidences secondaires

Les collectivités territoriales et les EPCI peuvent exonérer de taxe foncière sur les propriétés bâties (TFPB), les entreprises suivantes situées dans une ZRR :
- hôtels,
- meublés de tourisme,
- chambres d'hôtes.

L'entreprise doit respecter les deux critères suivants :
- employer moins de 11 salariés au cours de l'avant-dernière année précédant l'imposition,
- réaliser un chiffre d'affaires hors taxes annuel inférieur à deux millions d'euros au cours de l'avant-dernière année précédant l'imposition ou au cours du dernier exercice de 12 mois (exercice clos).

Par ailleurs, les meublés de tourisme et les chambres d'hôtes peuvent être exonérés de la taxe d'habitation sur les résidences secondaires sur délibération des communes.Ces exonérations portent sur les locaux qui servent uniquement à l'activité d'hébergement.

- les cotisations patronales

Les entreprises implantées en ZRR, peuvent, sous certaines conditions, bénéficier d'une exonération de cotisations patronales d'assurances sociales et d'allocations familiales pour l'embauche du premier au cinquantième salarié.

Cette exonération d'une durée maximale d'un an (à compter de la date d'embauche du salarié) est totale pour une rémunération horaire inférieure ou égale à 150 % du Smic puis décroît de manière dégressive et s'annule pour une rémunération horaire égale ou supérieure à 240 % du Smic.

7 – France Ruralités Revitalisation

Les entreprises situées dans une zone FRR sont éligibles à des dispositifs d'exonérations fiscales et sociales.

Ces exonérations concernernent :

- l'impôt sur le revenu ou sur les sociétés ;

- la cotisation foncière des entreprises (CFE), cette exonération se fait en cas de délibération de la commune avant le 1er octobre N pour être applicable à compter du 1er janvier N+1 ;

- la taxe foncière sur les propriétés bâties (TFPB), cette exonération se fait en cas de délibération de la commune avant le 1er octobre N pour être applicable à compter du 1er janvier N+1.

Quelles sont les conditions pour bénéficier des exonérations fiscales et sociales ?

Pour les exonérations fiscales, l'entreprise doit remplir plusieurs conditions :

- employer moins de 11 salariés ;
- exercer une activité industrielle, commerciale, artisanale ou libérale ;
- avoir son siège social et l'ensemble de son activité et de ses moyens d'exploitation situés dans une zone FRR ;
- être soumise de plein droit ou sur option à un régime réel d'imposition ;
- être créée ou reprise entre le 1er juillet 2024 et le 31 décembre 2029.

Avec le nouveau dispositif FRR, la durée de l'ensemble des exonérations fiscales est harmonisée.

Ainsi, les exonérations sont applicables pendant 5 ans à 100 % avant d'être réduites de manière dégressive les 3 années suivantes (75 %, 50 % puis 25 %).

Concernant les exonérations sociales, les conditions sont identiques à celles applicables aux ZRR :

- employer moins de 50 salariés ;
- exercer une activité artisanale, industrielle, commerciale, agricole ou non commerciale ;
- embaucher dans un établissement situé en FRR (salarié en CDI ou CDD d'au moins 12 mois) ;
- ne pas avoir effectué un licenciement pour motif économique dans les 12 mois précédant l'embauche.

8 – Les bassins urbains à dynamiser (BUD)

Les petites ou moyennes entreprises (PME) qui créent une activité dans un BUD entre le 1er janvier 2018 et le 31 décembre 2026 peuvent bénéficier d'exonérations fiscales. Celles-ci concernent l'impôt sur les bénéfices, la cotisation foncière des entreprises (CFE), la cotisation sur la valeur ajoutée des entreprises (CVAE) et la taxe foncière. Ces exonérations s'appliquent quel que soit le régime d'imposition de l'entreprise (micro-entreprise, réel simplifié ou réel normal).

Pour bénéficier d'une exonération d'impôt sur les bénéfices, l'entreprise doit remplir certaines conditions qui sont différentes lorsque l'activité de l'entreprise est non sédentaire. C'est le cas lorsque que l'activité est exercée en grande partie à l'extérieur des locaux professionnels, par exemple chez les clients ou dans des espaces publics (entrepreneurs du bâtiment, gardiennage et services à la personne, agent commercial, commerçant ambulant, taxis, etc.).

Une entreprises implantée dans un BUD peut bénéficier d'une exonération d'impôt sur les bénéfices. On parle de régime de faveur.
L'exonération d'impôt sur les bénéfices est totale à compter de la date de création et jusqu'à la fin du 23e mois suivant la création de l'entreprise.
Les 3 années suivantes, l'entreprise bénéficie des abattements suivants :
- 75 % la 3re année
- 50 % la 4e année
- 25 % la 5e année.

L'exonération de CFE et de CVAE concerne la création d'établissements, c'est-à-dire toute implantation nouvelle d'une entreprise lorsqu'elle ne résulte pas d'un transfert d'activité et ne s'analyse pas en un changement d'exploitant.

Il existe 2 types d'exonération :

- Exonération automatique (de droit) portant sur la moitié de la valeur du bien imposé à la CFE. Elle est totale pendant 7 ans à partir de l'année qui suit celle de la création de l'établissement. Durant les 3 années suivantes, la base nette imposable de la dernière année d'exonération fait l'objet des abattements suivants : 75 % la 8e année, 50 % la 9e année, 25 % la 10e année.
- Exonération facultative portant sur l'autre moitié de la base d'imposition. Elle peut être décidée sur délibération des communes et des . Elle est totale pendant 7 ans puis un abattement est applicable durant les 3 ans qui suivent. Cette délibération d'exonération facultative de CFE s'étend à la CVAE.

Une PME, propriétaire d'un immeuble situé dans un BUD, peut bénéficier d'une exonération de TFPB à partir de l'année suivant celle de sa création.

L'entreprise doit être implantée dans le BUD entre le 1er janvier 2018 et le 31 décembre 2026 et y réaliser ses activités.

Il existe 2 types d'exonération, automatique ou facultative comme indiqué ci-dessus

9 - le dispositif des zones de développement prioritaire (ZDP)

Les entreprises quelles que soient leurs formes, réalisant un CA inférieur à 50 M € (ou un total bilan inférieur à 43 M €) dont l'effectif salarié ne dépasse pas 250, implantées dans une zone de développement prioritaire, créées entre le 1er janvier 2019 et le 31 décembre 2026, et qui exercent une activité industrielle, commerciale ou artisanale peuvent bénéficier :

- d'une exonération totale des bénéfices réalisés à compter de la date de création de l'entreprise jusqu'au terme du 23ème mois suivant celui de leur déclaration ;
- pour une exonération partielle après application d'un abattement de 75%,

de 50% puis de 25% sur les bénéfices réalisés respectivement au cours de la première, de la deuxième ou de la troisième période de 12 mois suivant la période d'exonération.

A noter que lorsque l'entreprise est constituée sous forme de société, son capital ne doit pas être détenu, directement ou indirectement, pour plus de 50% par d'autres sociétés.

Les entreprises éligibles à l'exonération d'impôt sur le revenu ou d'impôt sur les sociétés peuvent prétendre aux dispositifs d'exonération de CFE et de TFPB.

L'exonération porte, pendant sept ans à compter de l'année qui suit la création, sur la moitié de la base nette imposée au profit de chaque collectivité territoriale ou établissement public de coopération intercommunale à fiscalité propre.

Les trois années suivantes l'entreprise bénéficiera toujours sur la moitié de la base nette imposée, d'un abattement dégressif comme suit :
- 1ère année : 75% de la base exonérée la dernière année ;
- 2ème année : 50 % de cette même base ;
- 3ème année : 25% de cette même base.

Les communes et les EPCI dotés d'une fiscalité propre qui souhaitent intensifier l'aide accordée aux entreprises nouvelles peuvent, par une délibération, exonérer la moitié restante de la base nette imposable des établissements déjà partiellement exonérés de CFE et de TFPB (pendant les 7 ans, puis les 3 années suivantes).

L'exonération est placée sous l'encadrement communautaire des aides de minimis.

Optimiser la gestion de ses déficits (sociétés à l'IS)

Dans un contexte où l'incertitude se mêle à l'inconnu beaucoup d'entreprises réalisent des pertes. La gestion des déficits fiscaux des sociétés imposées à l'impôt sur les sociétés devient alors un enjeu substantiel pour atténuer l'impact de ces mauvais résultats et, in fine, mieux surmonter les difficultés pouvant en résulter.

Se pose plus particulièrement une question : que faire des déficits fiscaux constatés à la clôture des exercices 2021 et 2022 ? La solution : les reporter. Certainement, mais comment ?

Deux modalités de report des déficits

Les sociétés peuvent, bien évidemment, imputer les déficits constatés à la clôture de l'exercice (2023 par exemple) sur les bénéfices des exercices suivants, et ce, sans limite de temps (2024, 2025, etc.). Cette imputation n'améliore pas immédiatement la situation financière de la société.

Autre possibilité, retenue moins couramment, mais pouvant être préférable dans le contexte actuel, le report en arrière des déficits (ou « carry-back ») permet d'imputer le déficit constaté au titre d'un exercice clos, sur le bénéfice fiscal de l'exercice précédent à hauteur d'un million d'euros (CGI, Art. 220 quinquies). Le déficit subi pendant un exercice est considéré comme une charge déductible du bénéfice des exercices suivants sans limitation dans le temps.

Le report en avant des déficits

Il n'y a pas à demander le report en avant, ce régime est appliqué automatiquement à un compte de résultat déficitaire lors de la déclaration de résultat. L'imputation du déficit sur l'exercice suivant est plafonnée. Elle est limitée à 1 million € par an, majoré de 50 % de la fraction du bénéfice supérieure à ce plafond.

Exemple :

Résultat déficitaire en N-1 : 1 500 000 €
Résultat excédentaire en N : 1 050 000 €
Part de N-1 à reporter en N : 1 000 000 € + 50% x (1 050 000 - 1 000 000) = 1 025 000 €
25 000 € restent soumis à l'impôt sur les sociétés en N.
Part de N-1 restant à reporter sur les exercices postérieurs à N : 1 500 000 - 1 025 000 = 475 000 €

Pour les sociétés en difficulté, la limite de l'imputation du déficit sur l'exercice suivant est plus haute. Elle est majorée du montant des abandons de créances consentis dans le cadre d'une procédure de conciliation en application d'un accord homologué ou dans le cadre d'une procédure de sauvegarde. Un abandon de créance correspond à l'acte d'un créancier qui renonce à demander le paiement de tout ou partie d'une dette. Cela ne vaut que pour l'entreprise qui a bénéficié des abandons, c'est-à-dire l'entreprise en difficulté.

Si une partie du déficit n'a pas pu être reportée sur l'exercice suivant, elle pourra être reportée sur les exercices futurs dans les mêmes conditions. Cela arrive lorsque le bénéfice de l'exercice suivant n'est pas assez important pour reporter la totalité du déficit ou lorsque la limite de déduction a été atteinte.

Exemple :
Si une entreprise soumise à l'IS est déficitaire à hauteur de 50 000 € sur l'exercice 2021, elle peut reporter ce déficit sur les exercices suivants. Si, en 2022, elle réalise un bénéfice de 10 000 €, sur lequel elle peut imputer le déficit de 2021, son résultat imposable est nul et elle ne paie pas d'IS. Son déficit en instance de report à la clôture de l'exercice 2022 est alors de 40 000 €.

Si, en 2023, elle réalise un résultat bénéficiaire de 60 000 €, son résultat imposable à l'IS est alors de 20 000 € (60 000 - 40 000). Le déficit constaté en 2021, réduit de celui qui a été déjà imputé en 2022, est déduit du bénéfice 2023.

Attention : le changement de régime fiscal et d'activité de la société font perdre le droit au report. Par exemple, si une entreprise à l'activité commerciale est transformée en holding, elle change d'activité et elle ne pourra pas imputer le déficit de son activité précédente sur son résultat présent.

Un report en arrière (ou « carry-back ») limité par la loi

Concrètement le déficit des exercices clos en 2022 ou en 2023 peut diminuer le résultat imposable des exercices clos respectivement en 2021 et en 2022 dans la limite d'un million d'euros.

A noter cependant que le bénéfice fiscal sur lequel peut s'imputer le déficit (autrement appelé bénéfice d'imputation) n'est pas le résultat fiscal constaté, mais un bénéfice devant être retraité. D'une part, seul est pris en compte le bénéfice ayant donné lieu à un paiement effectif d'impôt sur les sociétés. Ainsi, le résultat fiscal, certes imposé, mais le cas échéant acquitté grâce aux crédits d'impôt, est exclu.

Pour les déficits constatés au titre d'exercices clos à compter du 31 décembre 2022, la fraction du bénéfice de l'exercice précédent qui a donné lieu à un impôt payé au moyen de réductions d'impôts (notamment la réduction d'impôt dite « mécénat », prévue à l'article 238 *bis* du CGI) est exclue du bénéfice d'imputation sur lequel le déficit d'une société soumise à l'impôt sur les sociétés peut être reporté en arrière.
D'autre part, ce bénéfice est diminué du montant de sa fraction éventuellement distribuée.

- Une amélioration immédiate de la situation comptable de la société et de la trésorerie à moyen terme

La société détient alors une créance sur le Trésor égale à l'impôt sur les sociétés (hors contributions additionnelles) calculé au taux en vigueur à la clôture de l'exercice au cours duquel le bénéfice d'imputation a été réalisé.

Comptabilisée en produit (non imposable), cette créance améliore le résultat de la société, ses capitaux propres et plus généralement l'image globale de ses comptes. Toutefois, cette créance ne peut pas, en principe, être remboursée immédiatement.
Elle peut être soit mobilisée par cession Dailly, soit conservée pour être imputée sur l'impôt sur les sociétés dû au titre des exercices arrêtés au cours des cinq années suivant celle de la clôture de l'exercice au titre duquel l'option pour le report en arrière a été exercée. Ce n'est qu'au terme de ce délai que la créance devient remboursable.

Par exception, les entreprises faisant l'objet d'une procédure de sauvegarde, de redressement ou de liquidation judiciaire sont en droit de demander son remboursement immédiatement et ce, dès l'ouverture de la procédure collective.

- Une option simple à exercer ...

En pratique, l'option doit être exercée dans le délai de dépôt des déclarations de résultat sur le formulaire 2058-A. Par ailleurs, la société doit joindre le formulaire 2039-SD à son relevé de solde d'impôt sur les sociétés (CGI, Annexe III, Article 46 quater-0 W).

Dans les groupes d'intégration fiscale, l'option est exercée par la société mère, les filiales intégrées n'étant plus en mesure de reporter en arrière leur déficit (CGI, Art.

223 G). C'est ici l'occasion de rappeler que, dans une décision récente, le Conseil d'Etat a jugé que la société mère ne peut pas imputer le déficit fiscal d'ensemble d'un nouveau groupe d'intégration sur le bénéfice d'ensemble d'un ancien groupe d'intégration ayant cessé et dont elle était à l'époque tête de groupe. Dès lors, le déficit d'ensemble du nouveau groupe ne peut être reporté en arrière que sur son bénéfice propre (CE 3 -8 ch. 2-12-2019 n 420910, min. c/ Sté Courant SAS).

- ... dans des délais impératifs

Attention, la société qui n'aurait pas exercé l'option dans les délais perdrait définitivement le droit de reporter en arrière le déficit de l'exercice concerné. Précisons en outre que les sociétés en procédure collective ne peuvent plus reporter en arrière leur déficit une fois la procédure ouverte (CGI, Art. 220 quinquies, II)].

Toutefois, la société peut demander, par voie de réclamation, le report en arrière du déficit d'un exercice sur le bénéfice d'un exercice redressé. De manière symétrique, lorsqu'à la suite d'un contrôle, un déficit est majoré (ou est constaté), il est possible de demander, par voie de réclamation, l'imputation du surplus de déficit sur le bénéfice d'un exercice antérieur.

CHAPITRE 5

Les crédits d'impôt

Les entreprises peuvent bénéficier d'allégements fiscaux par le biais de crédits d'impôts multiples et variés. Il est parfois difficile de s'y retrouver parmi tous les dispositifs existants et pourtant les enjeux sont parfois loin d'être négligeables. Dans une stratégie d'optimisation fiscale recenser toutes les aides dont l'entreprise peut bénéficier prend toute son importance.

Il est rappelé par ailleurs que les sociétés qui bénéficiaient d'un ou de plusieurs crédits d'impôt restituables en 2022 ont pu demander le remboursement du solde de la créance disponible, sans attendre la liquidation de l'I.S., ni le dépôt de la liasse fiscale. Cette mesure mise en œuvre pendant la crise sanitaire 2019/2020 n'a pas été reconduite après 2022.

Globalement, en pratique, voici quels sont les crédits d'impôt concernés :

1 - Crédit de T.V.A.
2 - Crédit d'impôt recherche (CIR)

3 - Crédit d'impôt innovation (CII)
4 - Crédit d'impôt apprentissage
5 - Crédit d'impôt pour rachat d'une société par ses salariés
6 – Réduction d'impôt pour souscription au capital d'une société
7 – Statut de jeune entreprise innovante
8 - Crédit d'impôt pour investissement en Corse
9 - Crédit d'impôt pour investissements productifs dans les DOM
10 - Crédit d'impôt pour une agriculture biologique
11 - Crédit d'impôt pour les exploitations agricoles certifiées de haute valeur environnementale
12 - Crédit d'impôt pour dépenses de formation des dirigeants
13 - Crédit d'impôt cinéma et audiovisuel
14 - Crédit d'impôt pour la production de films
15 - Crédit d'impôt pour dépenses de production de spectacles vivants
16 – Crédit d'impôt théâtre
17 - Crédit d'impôt de production phonographique (musique)
18 - Crédit d'impôt en faveur des créateurs de jeux video
19 - Crédit d'impôt « métiers d'art » (CIMA)
20 – Crédit d'impôt collection
21 – Réduction d'impôt mécenat
22 - Crédit d'impôt famille (CIF)
23 - Réduction d'impôt pour la mise en place d'une flotte « vélos »
24 - Crédit d'impôt en faveur de la recherche collaborative
25 - Crédit d'impôt pour travaux de rénovation énergétiques
26 – Crédit d'impôt industrie verte
27 – Réduction d'impôt pour achat d'oeuvres d'art ou instruments de musique
28 – Réduction d'impôt pour participation achat de trésors nationaux

Enfin, pour être complet il sera fait un focus sur la Loi Girardin IS (ou société).

1. Crédit de TVA
Les entreprises dont le montant de la TVA déductible est supérieur au montant de la TVA collectée peuvent choisir de se faire rembourser tout ou partie du crédit de TVA dont elles disposent, sous réserve de respecter certains seuils. Les règles du remboursement du crédit de TVA dépendent du régime d'imposition à la TVA de l'entreprise.

2. Crédit d'impôt recherche
Pour leurs dépenses de recherche et développement ou encore d'innovation, les entreprises peuvent bénéficier du crédit d'impôt recherche, lequel couvre 30 % des dépenses de recherche et développement éligibles jusqu'à 100 millions d'euros et 5 % au-delà.

Grâce au simulateur des services fiscaux, l'entreprise peut obtenir rapidement une première évaluation de son crédit d'impôt pour les dépenses de recherche ou d'innovation.

3. Crédit impôt innovation (CII)
Le crédit d'impôt innovation complète le crédit d'impôt recherche (CIR). Il est exclusivement réservé aux PME qui engagent des dépenses spécifiques pour innover. Le taux et le plafond de ce crédit sont différents du CIR. Le taux du CII est fixe et égal à 20 % des dépenses engagées par l'entreprise dans la limite d'un plafond de 400 000 €.

Pour les dépenses exposées à compter du 1er janvier 2025, sa base de calcul est déterminée sans prise en compte des dépenses de fonctionnement fixées de manière forfaitaire et les taux du crédit d'impôt sont réduits (taux de droit commun de 30 % porté à 20 %, et taux majoré outre-mer de 60 % porté à 40 %).

4. Le crédit d'impôt apprentissage

Le crédit d'impôt apprentissage a été supprimé pour les exercices ouverts à partir du 1er janvier 2019. Dorénavant, le crédit d'impôt apprentissage a fusionné avec l'aide TPE jeune apprenti, la prime régionale à l'apprentissage pour les TPE et l'aide au recrutement d'un apprenti supplémentaire pour créer l'aide unique à l'apprentissage.

5. Crédit d'impôt pour rachat d'une société par ses salariés

Le crédit d'impôt en faveur du rachat d'une entreprise par ses salariés est prévu par les articles 220 nonies et 220 R du CGI. Il permet aux sociétés qui ont été constituées par des salariés afin de racheter l'intégralité ou une partie de l'entreprise de leur employeur de bénéficier d'un crédit d'impôt.

Ce crédit d'impôt est en principe égal au montant de l'impôt sur les sociétés dû par la société rachetée pour l'exercice précédent, au prorata du taux de détention du capital de ladite société par les salariés. Il est toutefois limité au montants des intérêts dûs par la société cessionnaire à raison des prêts nécessaires au rachat de l'entreprise. Par ailleurs, la société doit être au minimum constituée par 15 salariés ou au moins 30% de l'effectif si la société compte moins de 50 salariés au jour de son rachat.

6. Réduction d'impôt pour souscription au capital d'une société

La souscription au capital consiste à réaliser un **apport en numéraire** (dépôt d'une somme d'argent) au profit d'une société. À compter de cet apport, le souscripteur (ou *apporteur*) devient associé ou actionnaire et obtient les droits attachés à cette qualité (droit aux dividendes, droit de vote...).

Pour bénéficier de la réduction d'impôt, le souscripteur doit satisfaire aux conditions suivantes :
- être une personne physique (entreprise individuelle ou particulier)
- etre domicilié fiscalement en France
- prendre l'engagement de conserver les titres reçus en échange de la souscription (parts sociales ou actions) pendant 5 ans.
La société bénéficiaire de la souscription doit remplir toutes les conditions suivantes :
- elle est une PME.
- elle est créée depuis moins de 7 ans.
- elle a son siège dans un État membre de l'Union européenne ou dans un État de l'Espace économique européen.
- elle est soumise à l'impôt sur les sociétés ou y serait soumise dans les mêmes conditions si son activité était exercée en France.
- elle exerce une activité commerciale, industrielle, artisanale, libérale, agricole, à l'exception des activités suivantes :
    - Activités procurant des revenus garantis en raison de l'existence d'un tarif réglementé de rachat de la production
    - Activités financières
    - Activités de gestion de patrimoine mobilier
    - Activités immobilières, y compris les activités de construction d'immeubles en vue de leur vente ou de leur location.
- elle n'est pas qualifiée d'entreprise en difficulté. Concrètement, l'entreprise ne doit pas avoir perdu plus de la moitié de son capital social ou faire l'objet d'une procédure collective
- elle emploie au moins 2 salariés à la date de clôture de l'exercice qui suit la souscription ou au moins 1 salarié dans le cas d'une entreprise artisanale.
- elle ne possède pas d'actifs constitués de façon prépondérante (c'est-à-dire plus de 50 %) par des métaux précieux, œuvres d'art, objets de collection, antiquités, chevaux de course ou de concours ou, sauf si l'objet même de

son activité consiste en leur consommation ou en leur vente au détail, de vins ou d'alcools.
- elle n'est pas admise sur un marché réglementé (c'est-à-dire non cotée en bourse).

La souscription doit répondre à toutes les conditions suivantes :
- elle est réalisée en numéraire (dépôt d'une somme d'argent).
- elle est réalisée soit lors de la constitution de la société soit lors d'une augmentation de capital à condition qu'il s'agisse de nouveaux associés ou actionnaires.
- elle confère uniquement les droits attachés à la qualité d'associé ou actionnaire. La souscription ne doit pas offrir de contrepartie supplémentaire (ex : tarifs préférentiels pour les biens ou services de la société).
- elle n'apporte aucun accord de garantie en capital aux associés ou actionnaires en contrepartie de leur souscription. Cette condition doit être satisfaite à la date de la souscription et de manière continue jusqu'à la fin de la 5e année qui suit celle de cette souscription.
- elle n'est pas réalisée après un remboursement d'apports en faveur du souscripteur effectué par la société dans les 12 mois précédents.
- le montant total des versements reçus par la société bénéficiaire ne doit pas excéder 15 millions d'euros.

Pour les versements effectués jusqu'au 31 décembre 2025, le montant de la réduction d'impôt est égal à 25 % des versements effectués au titre des souscriptions au capital d'une PME.

Pour les versements effectués au-delà de cette période, le taux est fixé à à 18 %.

Le montant de la réduction d'impôt obéit à un système de double plafonnement, 2 limites sont appliquées l'une après l'autre.

D'une part, le montant des versements pris en compte pour le calcul de la réduction d'impôt, est limité de la manière suivante :

- 50 000 € / an pour une personne célibataire, veuve ou divorcée
- 100 000 € / an pour un couple de personnes mariées ou pacsées soumises à une imposition commune

La fraction des versements qui excède cette première limite ouvre droit à la réduction d'impôt au titre des 4 années suivantes dans les mêmes limites.

D'autre part, cette réduction d'impôt est ensuite prise en compte dans le plafonnement global des avantages fiscaux pouvant être accordés au titre de l'impôt sur le revenu. Cette limite globale est fixée à 10 000 € par an. Il est également possible de reporter l'excédent sur l'impôt sur le revenu dû au titre des années suivantes jusqu'à la cinquième inclusivement.

Exemple :

En mai 2024, une personne célibataire crée sa société et souscrit au capital de celle-ci à hauteur de 70 000 €. Le taux applicable est fixé à 25 %.

L'année du versement (année N), le montant des versements pris en compte est limité à 50 000 € (les 20 000 € restant seront pris en compte l'année suivante). Le contribuable bénéficie donc d'une réduction de 12 500 € (25 % de 50 000 €), plafonnée à 10 000 € par an. La fraction excédentaire égale à 2 500 € est reportée sur l'année suivante.

L'année suivante (N+1), le contribuable bénéficie d'une réduction de 5 000 € au titre de la fraction restante des versements (soit 25 % de 20 000 €) ainsi qu'une réduction de 2 500 € correspondant au report de l'année N. Ainsi, sur l'année N+1, le contribuable bénéficie d'une réduction totale de 7 500 €.

Toutefois, lorsque le montant de la réduction d'impôt est supérieur à celui de l'impôt dont le contribuable est redevable, la fraction qui n'a pas pu être imputée ne peut donner lieu ni à un remboursement ni à un report sur l'impôt dû au titre des années suivantes.

7. Statut de jeune entreprise innovante

Le statut de "jeune entreprise innovante" (JEI) confère un certain nombre d'exonérations fiscales et sociales aux PME qui engagent des dépenses de recherche et développement (R&D) représentant au moins 15 % de leurs charges.

Pour bénéficier du statut de jeune entreprise innovante, toute entreprise créée avant le 31 décembre 2025 doit remplir les conditions suivantes :

- avoir moins de 11 ans d'existence au moment de la demande pour les entreprises dont l'installation effective a eu lieu entre 2013 et le 31 décembre 2022.
- avoir moins de 8 ans d'existence au moment de la demande pour les entreprises ayant une installation effective à compter du 1er janvier 2023.
- être réellement nouvelle, c'est-à-dire ne pas avoir été créée dans le cadre d'une concentration, d'une restructuration, d'une extension d'activité préexistante ou d'une reprise.
- employer moins de 250 personnes au cours de l'exercice fiscal au titre duquel elle demande à bénéficier de ce statut.
- réaliser un chiffre d'affaires inférieur à 50 millions d'euros et disposer d'un total de bilan inférieur à 43 millions d'euros.
- être indépendante, c'est-à-dire que son capital doit être détenu pour 50 % au minimum par :
- des personnes physiques,
- une ou plusieurs autres JEI dont 50 % du capital au moins est détenu par des personnes physiques,
- des associations ou fondations reconnues d'utilité publique à caractère

scientifique,
- des établissements de recherche et d'enseignement et leurs filiales,
- des structures d'investissement sous réserve qu'il n'y ait pas de lien de dépendance telles que des fonds communs de placement dans l'innovation, sociétés de capital-risque, fonds d'investissement de proximité (FIP), sociétés de développement régional (SDR), sociétés financières d'innovation (SFI), sociétés unipersonnelles d'investissements à risques (SUIR).
• réaliser des dépenses de R&D représentant au moins 15 % des charges, à l'exception des pertes de change et des charges nettes sur cessions de valeurs mobilières de placement, fiscalement déductibles au titre du même exercice.

Une jeune entreprise innovante créée avant le 31 décembre 2023 peut bénéficier d'une exonération d'impôts sur les bénéfices égale à 100 % lors de son 1er exercice bénéficiaire. Elle peut ensuite bénéficier d'une exonération d'impôts sur les bénéfices égale à 50 % pour l'exercice bénéficiaire suivant.

Elle peut bénéficier d'une exonération de la contribution économique territoriale (CET) et de la taxe foncière pendant 7 ans sur délibération des collectivités territoriales.

A noter : les aides fiscales accordées aux entreprises placées sous le régime de la JEI ne peuvent excéder le plafond des aides "de minimis" fixé par la Commission européenne.

Elle peut bénéficier d'une exonération des cotisations sociales patronales sur une partie des rémunérations versées aux chercheurs, techniciens, gestionnaires de projet de R&D, juristes chargés de la protection industrielle et personnels chargés des tests pré-concurrentiels. Elle est également ouverte aux mandataires sociaux

relevant du régime général de la sécurité sociale et participant au projet de R&D à titre principal. Elle est assortie d'un double plafond (par salarié et par établissement) :
- elle s'applique sur la fraction de rémunération brute inférieure à 4,5 Smic,
- dans la limite d'un plafond annuel par salarié et établissement égal à 5 fois le plafond annuel de la sécurité sociale. L'exonération est applicable à taux plein jusqu'au dernier jour de la septième année suivant celle de la création, soit pendant 8 ans au maximum.

8. Crédit d'impôt pour investissement en Corse

Certaines PME (régime IR et IS) peuvent opter pour un crédit d'impôt dans le cadre d'investissements réalisés, en dehors de ceux liés à des remplacements, et qui ne sont pas financés par une aide publique d'au moins 25 % de leur montant, réalisés jusqu'au 31/12/2027 et exploités en Corse.

9. Crédit d'impôt pour investissements productifs dans les DOM

Les sociétés IS et IR peuvent bénéficier d'un crédit d'impôt pour leurs investissements productifs neufs mis en service dans un DOM jusqu'au 31 décembre 2025.
Le crédit d'impôt est fixé à 38,25 % de ces dépenses pour les entreprises relevant de l'IR et 35 % pour les entreprises soumises à l'IS. Le taux de 38,25 % est porté à 45,9 % pour les investissements réalisés en Guyane et à Mayotte (à l'exception des navires de croisière).

10. Crédit d'impôt pour une agriculture biologique

L'Etat a mis en place le crédit d'impôt à destination des agriculteurs bio depuis 2006. Il s'agit d'une aide forfaitaire d'un montant de 4 500 €. Cette aide bénéficie de la transparence GAEC jusqu'à 4 parts.

Il est possible d'en faire la demande lors de la déclaration d'impôt, même en cas de situation de non imposition. Il est nécessaire que 40% du chiffre d'affaire de l'exploitation découle d'activités ayant fait l'objet d'une certification en agriculture biologique, et que la somme des aides bio conversion ou maintien et du crédit d'impôt ne dépasse 5 000 €.

Le Crédit d'impôt est une aide dite « *de minimis* », c'est à dire une aide publique nationale intervenant de manière dérogatoire par rapport aux aides européennes. Ces aides « de minimis » sont plafonnées à 20.000 € sur 3 ans glissants. Ainsi, une de ces aides de minimis pourrait se trouver bloquée si le cumul dépassait exceptionnellement ce plafond.

Parmi les autres aides de minimis, on peut citer : le crédit d'impôt lié au service de remplacement, des exonérations de charges MSA suite à des problèmes climatiques, certaines aides installation attribuées par des collectivités, l'exonération de la taxe sur le foncier non bati pour les parcelles en bio sur certaines communes….

11. Crédit d'impôt pour les exploitations agricoles certifiées de haute valeur environnementale

Les entreprises agricoles certifiées « Haute Valeur Environnementale » peuvent bénéficier d'un crédit d'impôt de 2 500 €. Il est cumulable avec le crédit d'impôt relatif à l'agriculture biologique ainsi qu'avec les autres aides nationales et européennes reçues au titre de la certification Haute valeur environnementale, dans la limite de 5 000 € sur une année. Le cas échéant, le montant du crédit d'impôt est diminué à concurrence des sommes excédant ce plafond.

Ce crédit d'impôt est également cumulable avec les aides au maintien ou à la conversion à l'agriculture biologique, sans plafond particulier.

Le bénéfice du crédit d'impôt est subordonné au respect du règlement de minimis applicable aux activités agricoles et nécessitera le respect du plafond maximal d'aides respectif.

12. Crédit d'impôt pour dépenses de formation des dirigeants (EI, société de personne, SARL, SAS...)

Le crédit d'impôt pour dépenses de formation des dirigeants d'entreprise est un dispositif applicable aux dirigeants des entreprises suivantes :

- les entreprises relevant d'un régime réel d'imposition sur les bénéfices (impôt sur le revenu ou sur les sociétés). Et ce quel que soit leur secteur d'activité (commerce, industrie, artisanat, services, professions libérales…) ou leur forme juridique(entreprise individuelle ou société)
- les entreprise qui ne payent pas d'impôt quel que soit leur forme juridique et leur secteur d'activité (sauf un micro-entrepreneur).

Plus concrètement, ce dispositif s'applique aux dépenses de formation de tous les chefs d'entreprise au sens large :

- entrepreneur individuel
- gérant de société
- président (président du conseil d'administration ou président du directoire notamment)
- administrateur
- directeur général ou membre de sociétés par actions.

Le crédit d'impôt s'applique à l'ensemble des dépenses de formation d'un dirigeant d'entreprise qui entrent dans le champ de la formation professionnelle continue.

Il peut s'agir de formations classiques relatives à la gestion d'entreprise ou de formations plus techniques spécifiques à chaque métier, destinées à consolider ou à améliorer ses connaissances.

Pour toutes les entreprises (hors micro-entreprises), pour calculer le montant du crédit d'impôt, il faut multiplier :

- le nombre d'heures passées en formation (dans la limite de 40 heures par année civile et par entreprise, voir le détail dans l'encadré ci-dessous)
- par le taux horaire du Smic (selon le taux en vigueur au 31 décembre de l'année au titre de laquelle le crédit d'impôt est calculé)

Par exemple, en 2024, le dirigeant d'une entreprise qui a suivi 10 heures de formation en 2024, pourra déduire un crédit d'impôt d'un montant de 10 X 11,88 € (Smic horaire en vigueur au 31 décembre 2024) soit 118,80 €.

Pour les entreprises de moins de 10 salariés réalisant un chiffre d'affaires annuel de moins de 2 millions d'euros, le montant du crédit d'impôt est égal au taux horaire du Smic multiplié par le nombre d'heures passées en formation (dans la limite de 40 heures par an et par entreprise) multiplié par 2.

Ainsi, un dirigeant d'une entreprise de moins de 10 salariés dont le CA ou le total de bilan est inférieur à 2 millions d'euros et qui suit 10 heures de formation en 2024, pourra déduire en 2024 un crédit d'impôt de 237,6 € = 2 x10 x 11,88 € (Smic horaire en vigueur au 31 décembre 2024).

A savoir :

- Le crédit d'impôt pour dépenses de formation des dirigeants est plafonné à la prise en compte de 40 heures de formation par année civile et par entreprise soit 475,20 pour 2024

- En cas d'exercice en société, le crédit d'impôt est donc plafonné au niveau de la société et non par associé.
- Le crédit d'impôt pour dépenses de formation des dirigeants est calculé au titre de l'année civile, quelle que soit la date de clôture des exercices de l'entreprise et quelle que soit leur durée. Ainsi, si vous clôturez votre exercice en cours d'année, votre crédit d'impôt sera déterminé en prenant en compte les heures que vous avez passées en formation au cours de la dernière année civile écoulée.

Le crédit d'impôt formation des dirigeants est imputé au moment du paiement du solde de l'impôt sur les sociétés dû au titre de l'année au cours de laquelle vous avez suivi des heures de formation. Vous pouvez utiliser la fiche d'aide au calcul pour déterminer le montant de votre crédit d'impôt. Cette fiche n'a toutefois pas à être déposée auprès de l'administration fiscale.

Pour les entreprises soumises à l'impôt sur le revenu le montant du crédit d'impôt est reporté sur la déclaration de résultat et ladéclaration personnelle des revenus.

13. Crédit d'impôt cinéma et audiovisuel

(Uniquement pour les entreprises IS)

Sur agrément, les entreprises de production cinématographique ou audiovisuelle, soumises à l'impôt sur les sociétés (et elles seules), peuvent, sous certaines conditions bénéficier de crédits d'impôt représentant 20 % voire 30 % des dépenses éligibles, plafonnés suivant les cas.

Dispense de déclaration spéciale, montant à reporter sur la déclaration 2069-RCI.

Le crédit d'impôt cinéma et audiovisuel est encadré par les articles 220 sexies et 220 F du CGI.

Ce crédit d'impôt est réservé aux entreprises soumises à l'IS dont les tournages s'effectuent principalement en France (sauf exception) avec le concours de partenaires (acteurs, auteurs, etc.) français ou européens. Préalablement à la mise en oeuvre de ce crédit d'impôt, un agrément spécifique doit être demandé auprès du CNC (centre national du cinéma).

Le montant du crédit d'impôt est égal à 20% des dépenses engagées par la société pour ses besoins techniques. Ce taux est majoré :
- à 25% pour les oeuvres de fiction ;
- à 30% pour les oeuvres d'animation.

L'oeuvre concernée doit être réalisée en langue française (ou langue régionale utilisée en France) à l'exception des oeuvres d'animation (sous conditions).

Les documentaires peuvent aussi bénéficier de ce crédit d'impôt cinéma et audiovisuel à condition que le montant des dépenses techniques soit supérieur à 2.000 € par minute produite.

Le montant du crédit d'impôt ne peut en outre pas être supérieur à 50% du budget de l'oeuvre et ne peut pas avoir pour conséquence de porter à plus de 50% le montant total des aides d'Etat reçues par l'oeuvre dans le cadre de sa production.

14. Le crédit d'impôt pour la production de films

Le crédit d'impôt pour la production de films est encadré par les articles 220 quaterdecies et 220 Z bis du CGI.

Ce crédit d'impôt est réservé aux entreprises de production exécutive soumises à l'impôt sur les sociétés. L'entreprise concernée doit accomplir des missions en France pour la réalisation d'œuvres de fiction ou d'animation produites par des entreprises établies hors de France.

Les œuvres produites dans ce cadre doivent par ailleurs être agréées par le président du CNC et comporter, dans leur contenu dramatique, des éléments rattachés à la culture, au patrimoine ou au territoire français.

15. Crédit d'impôt pour dépenses de productions de spectacles vivants

Ce crédit d'impôt est institué en faveur des entreprises soumises à l'impôt sur les sociétés exerçant l'activité d'entrepreneur de spectacles vivants au titre des dépenses de création, d'exploitation et de numérisation d'un spectacle vivant musical égal à **15 % (30% pour les PME)** du montant total des dépenses éligibles plafonné à 750 000 € par entreprise et par exercice.

Dispense de déclaration spéciale, montant à reporter sur la déclaration 2069-RCI.

16. Crédit d'impôt théâtre

Les entreprises soumises à l'impôt sur les sociétés et qui exercent l'activité d'entrepreneur de spectacles vivants, peuvent bénéficier d'un crédit d'impôt de 15 % au titre des dépenses de création, d'exploitation et de numérisation de certaines représentations théâtrales d'œuvres dramatiques.

Le bénéfice de ce crédit d'impôt est subordonné au respect de diverses conditions (voir l'article 220 sexdecies du CGI) parmi lesquelles l'obligation de disposer d'au moins 6 artistes au plateau et la programmation minimale de 20 dates obligatoires sur une période de douze mois consécutifs et dans au moins deux lieux différents.

17. Crédit d'impôt de production phonographique (musique)

Sur agrément, les entreprises de production phonographique soumises à l'impôt sur les sociétés peuvent bénéficier, sous certaines conditions, d'un crédit d'impôt égal à 15 %(30% pour les PME) des frais de production et de développement d'enregistrements musicaux ou de vidéos musicales.

Crédit d'impôt plafonné à 1,1 M€ par entreprise et par exercice.

Déclaration 2079-DIS à établir et à joindre à la liasse fiscale + report sur déclaration 2069-RCI.

18. Crédit d'impôt en faveur des créateurs de jeux vidéo

(Uniquement pour les entreprises IS)

Sur agrément, les entreprises de création de jeux vidéo soumises à l'impôt sur les sociétés peuvent sous certaines conditions bénéficier d'un crédit d'impôt égal à 30 % des dépenses éligibles (plafonné à 6 M€) par entreprise et par exercice. Pour être éligible, le projet doit avoir un coût de développement supérieur ou égal à 100 000 € et le jeu doit être destiné à une commercialisation effective auprès du public.

Déclaration 2079-VIDEO à établir et à joindre à la liasse fiscale + report sur déclaration 2069-RCI.

19. Crédit d'impôt « métiers d'art »

Les entreprises relevant des métiers d'art (industrielles, commerciales, artisanales, libérales…) peuvent bénéficier d'un crédit d'impôt égal à 10 % des dépenses de création d'ouvrages uniques réalisés en un seul exemplaire ou en petite série exposées jusqu'au 31 décembre 2025. Le régime est réservé aux entreprises dont les charges de personnel afférentes aux salariés qui exercent un « métiers d'art » représentent au moins 30 % de la masse salariale totale.

Les entreprises portant le label « entreprise du patrimoine vivant » peuvent également bénéficier également du dispositif. Pour ces entreprises, le taux du crédit d'impôt est porté à 15 %.

Déclaration N°2079-ART à établir et à joindre à la liasse fiscale + report sur déclaration 2069-RCI.

20. Crédit d'impôt collection
Les entreprises industrielles du secteur **textile-habillement-cuir** peuvent bénéficier, sous condition, d'un crédit d'impôt au titre des dépenses liées à l'élaboration de **nouvelles collections** ainsi qu'aux travaux afférents qu'elles confient à des stylistes ou bureaux de style agréés.

21. Réduction d'impôt mécénat - dons aux associations et autres organismes d'intérêt général
Le mécénat est un dispositif de soutien matériel et financier apporté par une entreprise à un organisme sous forme de don. L'objectif est de soutenir une œuvre d'intérêt général ou l'acquisition d'un bien culturel déclaré «trésor national». En contrepartie, l'entreprise donatrice peut bénéficier d'une réduction de son montant d'impôt dû lors de l'année des versements (impôt sur le revenu ou impôt sur les sociétés, selon le cas). La réduction d'impôt est plafonnée, quel que soit le nombre de dons.

Ainsi, les versements effectués à ce titre peuvent ouvrir droit à une réduction d'impôt. Il s'agit d'une réduction d'impôt égale à 60 % des dons versés dans la limite de soit 10 000 € soit 5 pour mille du chiffre d'affaires si ce critère est plus élevé. Pour les versements effectués au cours des exercices clos à compter du 31 décembre 2020:
- la fraction des versements supérieure à 2 M € ouvre droit à une réduction d'impôt au taux de 40 %,
- la limite de prise en compte des dons est de 20 000 € ou de 5 pour mille du chiffre d'affaires lorsque ce dernier montant est plus élevé.

Le montant de la réduction d'impôt non imputée n'est pas remboursable immédiatement mais peut être utilisée pour le paiement de l'impôt des 5 exercices suivants.

Dispense de déclaration spéciale, montant à reporter sur la déclaration 2069-RCI (déclaration détaillée à fournir pour les sociétés versant plus de 10 000€ de dons).

22. Crédit d'impôt "famille"

Le crédit d'impôt famille vise à inciter les entreprises aux dépenses permettant à leur personnel de mieux concilier vie familiale et vie professionnelle. Les entreprises qui engagent des dépenses de mise en place de crèches ou d'aide versée aux salariés et aux dirigeants sociaux peuvent bénéficier du CIF en les déduisant de leur impôt (impôt sur les sociétés ou impôt sur le revenu) sous certaines conditions. Le crédit d'impôt famille est destiné aux sociétés industrielles, commerciales ou agricoles et les membres des professions libérales imposés selon un régime réel. Le taux du crédit d'impôt est de :
- 25% des dépenses d'aides financières aux services à la personne (CESU),
- 50% pour des dépenses d'accueil d'enfants de moins de trois ans (crèches, garderies).

Le crédit d'impôt est plafonné à 500 000€ par société.

Déclaration N°2069-FA à établir et à joindre à la liasse fiscale + report sur déclaration 2069-RCI.

23. Réduction d'impôt pour la mise en place d'une flotte de vélos

(Uniquement pour les sociétés IS)

Il a été mis en place une réduction d'impôt pour l'employeur qui installe une flotte de vélos à disposition de ses salariés pour leurs déplacements entre leur domicile et leur lieu de travail. Le montant de la réduction d'IS est limité à 25 % du prix d'achat de la flotte de vélos ou de location.

24. Crédit d'impôt en faveur de la recherche collaborative

Un crédit d'impôt a été institué au bénéfice des entreprises qui concluent des contrats de collaboration avec certains organismes de recherche agréés et qui financent, dans ce cadre, les dépenses de recherche exposées par ces organismes. Les contrats de collaboration sont des contrats visant au portage commun, par une entreprise et un ou plusieurs organismes de recherche, de projets de recherche. Ils reposent sur un partage des risques et des résultats liés au projet et se distinguent de la sous-traitance classique en ce qu'ils établissent un partage des coûts, mais ne donnent pas lieu à la facturation, par les organismes de recherche, d'une marge commerciale, dès lors que les résultats mêmes du projet bénéficient à toutes les parties prenantes.

L'assiette du crédit d'impôt est égale au montant des dépenses facturées par les organismes de recherche pour la réalisation des opérations mentionnées dans le contrat de collaboration et satisfaisant plusieurs critères, retenues dans la limite de 6 M€ par an. Le taux du crédit d'impôt, en principe égal à 40 %, est porté à 50 % pour les entreprises qui répondent à la définition des PME européennes. Ce nouveau crédit d'impôt en faveur de la recherche collaborative est utilisé selon les mêmes modalités que le crédit d'impôt recherche. Pour le calcul de ce dernier, le taux applicable (30 %, puis 5 % pour la fraction des dépenses de recherche excédant 100 M€) est déterminé en prenant en compte également les dépenses de recherche collaborative.

25. Crédit d'impôt pour travaux de rénovation énergétique

L'entreprise qui réalise certains travaux de rénovation énergétique d'un bâtiment à usage tertiaire peut bénéficier d'un crédit d'impôt pour les dépenses qu'elle a engagées. Les critères dépendent de la situation géographique (France métropolitaine ou départements d'outre-mer) des bâtiments rénovés. Le crédit d'impôt correspond à 30 % du montant des dépenses engagées par l'entreprise dans la limite de 25 000 €.

L'entreprise doit avoir réalisé des travaux de rénovation de bâtiments à usage tertiaire dont elle est propriétaire ou locataire.Les bâtiments doivent être affectés à l'exercice de l'activité industrielle, commerciale, artisanale, libérale ou agricole de l'entreprise.Les bâtiments utilisés pour l'exploitation des ressources naturelles (stockage des produits agricoles ou miniers...) ou pour la transformation des matières premières (manufactures, artisanat...) sont exclus.

Ces travaux doivent avoir été réalisés par l'entreprise à laquelle ils ont été confiés. Exceptions : la fourniture et l'installation des équipements, des matériaux ou des appareils peuvent être réalisées par un sous-traitant.

Ce crédit d'impôt s'applique aux dépenses de rénovation sur des bâtiments dont la construction a été achevée il y a au moins 2 ans lorsque les travaux ont débuté. Ces dépenses doivent avoir été engagées entre le 1er janvier 2023 et le 31 décembre 2024

26. Crédit d'impôt pour l'industrie verte

Ce crédit d'impôt est en faveur des entreprises industrielles et commerciales situées en France qui réalisent des investissements nécessaires à la production de batteries, de panneaux solaires, d'éoliennes et de pompes à chaleur.

Pour bénéficier de ce crédit d'impôt, les entreprises doivent déposer une demande d'agrément préalable, auprès du ministre chargé du budget, à la date d'ouverture du chantier des constructions immobilières envisagées.

Le crédit d'impôt est entre 20 et 45 % du montant des investissements.

27. Réduction d'impôt pour achat d'oeuvres d'art et instruments de musique

La déduction fiscale pour l'achat d'une œuvre d'art est ouverte aux entreprises suivantes :
- sociétés soumises à l'impôt sur les sociétés : de plein droit (automatiquement) ou sur option
- sociétés et entrepreneurs individuels soumis à l'impôt sur le revenu dans la catégorie des

Attention

Les entreprises soumises à l'impôt sur le revenu dans la catégorie des bénéfices non commerciaux (BNC) sont exclues de ce dispositif.

La déduction fiscale s'applique pour l'achat d'œuvres originales et entièrement exécutées de la main de l'artiste. Pour bénéficier de la déduction fiscale, l'entreprise doit s'assurer que plusieurs conditions sont remplies.

L'artiste doit être vivant au moment de l'achat de l'œuvre. C'est à l'entreprise de prouver l'existence de l'artiste à la date d'acquisition.

L'entreprise doit faire exposer l'œuvre d'art dans un lieu accessible gratuitement au public ou aux salariés (à l'exception de ses bureaux). La durée de l'exposition est fixée à 5 ans. Cette période correspond à l'exercice comptable au cours duquel l'œuvre a été acquise et aux 4 années suivantes.

La base de la déduction correspond au prix d'acquisition hors taxe de l'œuvre, auquel s'ajoutent des frais accessoires éventuels (ex : transport de l'œuvre). En revanche, les frais qui ne sont pas inclus dans le prix d'acquisition (ex : commission versée à un marchand d'art) sont exclus de la base de la déduction. Ces derniers sont immédiatement déductibles.

La déduction fiscale est étalée sur 5 ans (année de l'acquisition et les 4 années suivantes) par fractions égales. Ainsi, elle est égale chaque année à 1/5e (20 %) du prix de revient de l'œuvre. Si l'acquisition est réalisée en cours d'année, la déduction n'est pas réduite prorata temporis.

Les sommes sont déductibles dans la limite de 20 000 € ou 5‰ du chiffre d'affaires hors taxe de l'entreprise lorsque ce dernier montant est plus élevé. Ce plafond annuel est diminué des versements réalisés au titre du mécenat.

28. *Réduction d'impôt pour participation à l'achat de trésors nationaux*

L'entreprise doit participer à l'achat d'un bien culturel qualifié, par le ministère chargé de la culture, de *trésor national*.

Il peut s'agir de l'un des biens suivants :
- bien appartenant aux collections publiques et aux collections des musées de France
- bien classé en application des dispositions relatives aux monuments historiques et aux archives
- autre bien présentant un intérêt majeur pour le patrimoine national du point de vue de l'histoire, de l'art ou de l'archéologie

La réduction d'impôt est ouverte uniquement aux sociétés soumises à l'impôt sur les sociétés (IS), de plein droit (automatiquement) ou sur option. Il peut s'agir d'une entreprise privée ou publique.

Pour bénéficier de la réduction d'impôt, l'entreprise doit réaliser un don en faveur de l'État pour l'achat d'un trésor national.

La réduction d'impôt est égale à 90 % des versements effectués par l'entreprise. Néanmoins, la réduction ne peut pas être supérieure à 50 % du montant de l'impôt dû par l'entreprise au titre de l'exercice au cours duquel le don a été réalisé.

La loi Girardin « impôt sur les sociétés »

Qu'est ce que la loi Girardin société ou Girardin IS ?

La loi Girardin Société ou loi Girardin IS est une loi de défiscalisation permettant d'obtenir une réduction ou une exonération totale de l'impôts société lors de l'acquisition d'un logement neuf (ou en état futur d'achèvement) en Outre-Mer. Le logement doit être mis en location nue pour une durée minimum de cinq ans. Le dispositif Girardin société a été mis en place le 21 juillet 2003 et est prorogé jusqu'à fin décembre 2025. Il donne la possibilité à la société soumise à l'IS d'investir dans les Dom Tom et de déduire de son résultat imposable le montant de ou des acquisitions de logements neufs. Si le montant de l'acquisition excède le montant de l'impôt, la soulte est reportable sur les exercices suivants.

Quel est le taux de la réduction d'impôt sur les sociétés en 2024 et 2025?

La loi Girardin société permet aux entreprises assujetties à l'impôt sur les sociétés de déduire de leur résultat imposable le montant des investissements réalisés en outre-mer, le taux de réduction est donc celui du taux d'imposition en vigueur sur les sociétés (IS) : 15% ou 25% pour un exercice ouvert au 1er janvier 2025. Il est bien évident que pour optimiser son investissement il est préférable d'être dans la tranche la plus élevée à 25%.

Qui peut bénéficier d'une défiscalisation en loi Girardin société ?

Toutes les entreprises soumises à l'IS dont le siège est en France métropolitaine ou dans les DOM et qui font l'acquisition d'un ou plusieurs biens immobiliers dans la limite de 1 millions d'euros par année ou par programme, sont éligibles à la Loi. Cependant, pour bénéficier du dispositif Girardin Société, le chiffre d'affaire de l'entreprise doit être inférieur à 20 millions d'euros. Par ailleurs, ce dispositif fiscal ne s'applique qu'aux logements neufs ou en état futur d'achèvement (VEFA).

Comment se calcule la défiscalisation en loi Girardin IS en 2025 ?

La loi Girardin IS permet une réduction du montant de l'acquisition du bien immobilier sur le revenu imposable de la société. Cette déduction peut se faire durant l'année de l'acquisition mais aussi les années suivantes, voir sur les années précédentes (carry-back). En fonction du montant de l'investissement, la société pourra réduire une partie ou la totalité de son impôt sur la société, l'année de l'acquisition.

Pour 2025, le montant déductible pris en compte pour le calcul de l'avantage fiscal est limité à 3 139 € HT par mètre carré de surface habitable, soit 3 405 € TTC par m² dans les zones où la TVA locale est de 8.5%.

La déduction liée à la Loi Girardin est donc calculée de la façon suivante : on soustrait du revenu imposable de la société le montant déductible de l'investissement dans un logement neuf en Outre-mer, puis on calcule le montant de l'IS sur cette nouvelle base qui est soit réduit à 0, si le montant de l'acquisition est supérieur ou égal au résultat, soit réduit en fonction du montant de l'investissement s'il est inférieur au résultat.

Peut on louer son logement à un membre de sa famille et toujours bénéficier de la défiscalisation en loi Girardin société ?

Oui, avec le dispositif Girardin IS, il est possible de louer son bien immobilier à un ascendant ou descendant du gérant de la société qui a investi et de bénéficier de la défiscalisation.

Quelles sont les zones concernées pour un investissement en Girardin société ?

L'ensemble des territoires ultra-marins sont concernés. Pour le calcul des plafonds de loyers et des plafonds de revenus en Girardin-société, deux zones coexistent tout comme la Loi Pinel OM mais avec des plafonds plus favorables. D'un côté l'ensemble des DOM (Martinique, Guadeloupe, Réunion, Mayotte, Guyane) auxquels viennent s'ajouter Saint-Martin et Saint-Barthélemy, de l'autre le reste des territoires ultra-marins (Polynésie Française, Nouvelle-Calédonie, Saint-Pierre et Miquelon, Wallis et Futuna).

Quand faut il mettre le bien en location pour bénéficier de la réduction IS ?

L'investisseur doit mettre son bien en location dans la limite des 12 mois suivants l'achèvement du programme ou suivant son acquisition si celle-ci est postérieure. Au-delà de cette limite, il ne peut plus profiter de la défiscalisation.

Après l'engagement de location, que se passe-t-il ?

Au bout de l'engagement de location de 5 ans, La société peut bénéficier librement de son ou ses biens.

Que se passe-t-il si le locataire donne son congé ?

L'investisseur doit relouer dans les plus brefs délais et en cas de vacances locatives et surtout prouver qu'il est en recherche de locataire. Dans ce cas l'entreprise peut bénéficier d'une période de vacance accordée par l'Administration Fiscale.

Est il possible d'effectuer plusieurs investissements en loi Girardin société ?

Oui, il faut néanmoins être vigilant sur les plafonds. Il n'est par exemple pas possible d'investir (hors agrément) plus d'un million d'Euros sur le même programme immobilier.

CHAPITRE 6
Les aides publiques

Les entreprises existantes ou en projet de création peuvent bénéficier de divers dispositifs financiers afin d'être aidées et favoriser leur développement économique. De nombreuses aides publiques existent et peuvent être accordées pour soutenir des projets ou pour stimuler la compétitivité.

Par ailleurs, en ce qui concerne les entreprises en difficulté, elles peuvent prétendre également à des mesures adaptées à leur situation.

Toutes ces aides ont bien sûr un impact dans une stratégie d'optimisation fiscale et il convient donc d'y être particulièrement attentif et de ne pas les négliger, bien au contraire.

Parmi les dispositifs dont peuvent bénéficier les entreprises, on distingue plus particulièrement trois catégories d'aides, les aides financières, les aides fiscales, les aides sociales.

Une aide financière peut être obtenue sous forme de subvention qui peut être accordée par l'Etat ou différents organismes publics, dont :

- au niveau national : la banque publique d'investissement (BPI France) qui apporte un soutien financier aux entreprises françaises pour soutenir leur développement en France et à l'export
- les conseils régionaux dans le but de favoriser le tissu économique de chaque région
- les collectivités locales, qui gèrent de manière indépendante les aides qu'elles attribuent aux entreprises
- l'échelon européen peut également être actionné

Sur le plan fiscal, l'État peut apporter un soutien aux entreprises en agissant directement sur la réduction des prélèvements fiscaux. Ces mesures fiscales ont pour vocation d'appuyer la croissance de l'entreprise et concernent généralement les axes de développement suivants :

- soutenir un secteur d'activité en difficulté
- permettre le développement de l'entreprise à l'international
- favoriser la recherche et l'innovation avec des crédits d'impôt
- soutenir l'activité économique dans certaines zones du territoire, par exemple les entreprises situées en « zone franche »

Pour les entreprises concernées par l'une de ces situations, l'État peut procéder à des exonérations d'impôts :

- Impôts sur les bénéfices
- Impôts locaux
- Impôts et taxes liés à un changement dans la vie de l'entreprise (cession ou prise en main par des repreneurs d'entreprise)
- Impôts et taxes liés au fonctionnement de l'entreprise (quand l'entreprise change de seuil en terme de nombre de salariés)

Dans le domaine du social, il est possible pour les entreprises de bénéficier d'une exonération quasi totale des cotisations sociales de dirigeant pour la première année d'activité de l'entreprise. Cette aide, nommée ACRE (*Aide aux Créateurs et Repreneurs d'Entreprise*) est délivrée par l'URSSAF et comme son nom l'indique, est à destination des créateurs d'entreprise et des repreneurs. France Travail (ex Pôle Emploi) permet également, via l'ARCE (*Aide à la Reprise ou à la Création d'Entreprise*), de maintenir les allocations aux chômeurs créateurs d'entreprise ou de les verser sous forme de capital. Pour cela, il faut déclarer son projet à France Travail.

Depuis 2022 la crise énergétique et l'envolée des prix a conduit les autorités publiques nationales à mettre en place des mesures d'aides spécifiques pour les entreprises

Au total, environ 2 000 aides sont disponibles !

Les dispositifs d'aides généraux

1 - Créateurs d'entreprise et Demandeurs d'emploi : les dispositifs ARE, ARCE, ACRE, NACRE

- dispositif ARE

Le créateur ou repreneur d'entreprise indemnisé par France Travail (ex-Pôle emploi) peut, sous certaines conditions, bénéficier du maintien de ses allocations d'aide au retour à l'emploi (ARE). Dans ce cadre, l'ARE est calculée en fonction du salaire journalier de référence (allocations chômage) que percevait le demandeur d'emploi.

Le montant de l'allocation d'aide au retour à l'emploi est calculé à partir des anciens salaires du demandeur d'emploi. Lorsque l'ARE est cumulé avec une rémunération, dans le cadre d'une création ou reprise d'activité, l'aide est calculée de la manière suivante. La durée de versement de l'ARE est égale à la durée d'emploi du chômeur. Cependant, son versement ne peut être supérieur à 2 ans si l'assuré à moins de 50 ans et 3 ans s'il a plus de 50 ans.

Dans le cadre de la création ou de la reprise d'entreprise, l'ARE peut être maintenue au-delà de la durée de versement maximum si l'entrepreneur ne perçoit pas un revenu équivalent ou supérieur à la rémunération brute mensuelle qu'il percevait avant de perdre son emploi.

Exemple :

Bruno perçoit une allocation journalière de 60 euros. Sur un mois de 30 jours, il touche une ARE de 30 X 60, soit 1 800 euros.
Depuis qu'il a monté son entreprise, Monsieur Bruno perçoit un revenu de 1 000 euros par mois. Son ARE est donc recalculée de la manière suivante :
1 800 – (70 % X 1 000 €) = 1 800 – 700 = 1 100 € par mois

Cas particulier du micro-entrepreneur (ex auto-entrepreneur) :
Les micro-entrepreneurs peuvent aussi recevoir l'ARE s'ils remplissent les conditions énumérées ci-dessus. Les revenus qui doivent être déclarés correspondent au chiffre d'affaires auquel est appliqué un abattement forfaitaire pour frais professionnels égal à
- 71 % pour les activités d'achat-revente et de fourniture de logement
- 50 % pour les activités de services
- 34 % pour les activités libérales

- *dispositif de l'ACRE :*

L'ACRE est un dispositif visant à exonérer partiellement les cotisations sociales de l'entreprise pendant un an et à fournir un accompagnement pendant les premières années d'activité. Il contient les aides suivantes :
- Exonération de cotisations sociales
- Accompagnement du bénéficiaire
- Maintien des revenus sociaux

L'aide financière associée à l'ACRE est l'ARCE. Elle est attribuée à l'entrepreneur bénéficiaire de l'ACRE mais sa demande reste séparée.

- *dispositif ARCE*

L'Aide à la reprise ou à la création d'entreprise (ACRE) correspond au versement d'une partie des droits de l'ARE restant due sous la forme d'un capital.

Pour en bénéficier, l'entrepreneur doit remplir les conditions suivantes :
- L'entrepreneur est inscrit en tant que demandeur d'emploi
- L'entrepreneur n'a pas choisi le maintien de l'ARE dans le cadre de la création ou de la reprise d'entreprise
- L'entrepreneur est bénéficiaire de l'ACRE

Si l'entrepreneur remplit les conditions d'éligibilité à l'ARCE, le montant de l'aide financière qui lui sera accordée sera égal à 60 % du reliquat des droits d'indemnisation qu'il aurait perçu en tant que demandeur d'emploi.

Les droits restants sont fonction :
- De la date de création ou de la reprise de l'entreprise
- De la date de l'obtention de l'ACRE si cette dernière est postérieure à la création ou la reprise de l'entreprise

Pour les demandeurs d'emploi créateurs ou repreneurs d'entreprise dont le contrat a pris fin avant le 1er juillet 2023, le montant de l'ARCE est égal à 45 % du reliquat des allocations chômage.

Le versement de l'ARCE se fait en deux fois à part égale :
- à la création ou à la reprise de l'entreprise
- 6 mois après la création ou la reprise de l'entreprise
Les montants perçus au titre de l'ARCE sont imposables.

L'ARCE et l'ARE ne sont pas cumulables. Elles présentent des avantages différents. L'ARCE ou la capitalisation des indemnités de chômage permet le financement des fonds de roulement (achat de stock). L'ARE ou le maintien partiel des indemnités journalières : elle permet le développement la trésorerie de l'entrepreneur

Le choix de l'une ou l'autre de ses aides devra prendre en compte :
- Le rythme de vie pendant la création de l'entreprise
- Le niveau d'apport nécessaire à l'entreprise
- Le régime fiscal de la nouvelle entreprise

- *dispositif NACRE :*

Depuis le 1er janvier 2017, l'accompagnement à la création ou à la reprise d'entreprise, connu sous l'appellation de parcours NACRE, est une compétence dévolue aux régions.

Les personnes sans emploi ou rencontrant des difficultés d'insertion professionnelle peuvent bénéficier d'un accompagnement pour démarrer, financer et développer leur entreprise. Il convient de se rapprocher des différents conseils régionaux.

NACRE accompagne donc le créateur d'entreprise pour présenter son projet, vérifie le plan de financement et peut décerner un prêt à taux 0.

- *les aides OSEO (désormais BPI France)*

BPI est un établissement public qui a pour mission de soutenir l'innovation et la croissance des PME. L'organisme propose une aide au financement qui peut prendre la forme de subvention, d'avance d'argent, de prêt à taux zéro ou de garanties.

- *L'aide à la création d'entreprise pour les handicapés*

Une aide financière spécifique de 6 300 € existe pour les personnes handicapées sans emploi qui voudraient créer leur entreprise. Elle est dispensée par l'Agefiph sous forme de subvention.

- *Le crédit solidaire*

Les crédits solidaires sous forme de microcrédits ou prêts d'honneur solidaires, de 1 000 à 8 000 €, représentent aussi une aide à la création d'entreprise. Ils peuvent être accordés par l'Association pour le droit à l'initiative économique (ADIE), France Active ou Initiative France.

- *Le prêt à la création d'entreprise (PCE) par BPI France*

Le PCE permet de financer une première installation sans caution personnelle ni garantie, pour toutes les entreprises en phase de création et quel que soit leur secteur d'activité.

<u>Montant</u> : de 2 000 € à 7 000 €

<u>Durée</u> : 5 ans.

- L'aide à la création d'entreprise innovante de Bpifrance
Cette aide financière prend la forme d'une subvention et est destinée à régler les dépenses de validation du projet (conception du projet, étude de faisabilité, recherche de partenaires, etc.)
Montant : 30 000 € maximum.

- Le prêt d'honneur
Les prêts d'honneur à taux zéro servent à financer les fonds propres et le besoin en fonds de roulement (BFR) de départ. Ils peuvent être accordés par des réseaux de création/reprise d'entreprise, des clubs de créateurs, certaines entreprises dans le cadre d'un essaimage, des fondations ou des associations.
Montant : variable selon les réseaux et les projets. Peut varier de 2 000 € à 50 000 €, voire plus pour des projets innovants.

- Les concours
L'État, des fondations, ainsi que des structures privées proposent régulièrement des concours nationaux ou régionaux pour aider financièrement la création d'entreprise et de nouveaux projets.

2 - Des exonérations fiscales pour la création d'entreprises dans certaines zones

Les entreprises nouvelles s'implantant dans les zones d'aides à finalité régionale (zones AFR), les bassins d'emploi à redynamiser (BER), les zones de restructuration de la défense (ZRD), les zones de France Ruralités Revitalisation (FRR), les zones franches urbaines (ZFU) et les quartiers prioritaires (QPV) peuvent bénéficier d'une exonération temporaire d'impôt sur les bénéfices et d'impôts locaux.

Une description détaillée de ces dispositifs a été présentée au chapitre 4.

3 - Des aides publiques selon les secteurs d'activité

Elles se matérialisent dans la plupart des cas par l'octroi, sous conditions, de crédits d'impôts.
- secteur de l'innovation : crédit d'impôt pour l'innovation, crédit d'impôt recherche
- bâtiment et travaux publics : aide Bâtir +
- bureaux de tabac : aides pour les buralistes qui diversifient leur activité
- création de jeux vidéo : crédit d'impôt pour la création de jeux vidéo
- agriculture biologique : crédit d'impôt spécifique
- métiers d'art : crédit d'impôt spécifique
- santé au travail : dispositif Airbonus, prévention des troubles musculo-squelettiques, programme stop amiante

Le chapitre 5 a détaillé ces différents crédits d'impôt.

4 - Des aides publiques en matière de gestion des ressources humaines

- aides pour l'embauche d'apprentis
- réduction générale des cotisations patronales
- crédit d'impôt famille
- aides du plan vélo
- crédit d'impôt pour la formation des dirigeants d'entreprise

5 - Autres aides publiques et financements
- le prêt « croissance industrie »
- les aides pour les femmes entrepreneures
- le recours aux business angels
- le crowdfunding

- le microcrédit professionnel
- les référents uniques pour l'investissement (RUI)

6 - Des financements européens, en complément ….

Le portail *Toute l'Europe et l' Europe est à vous* présente le fonctionnement des financements européens et prodigue informations et conseils aux potentiels bénéficiaires. Un guide est accessible, enrichi de liens pratiques pour aider les différents publics dans leurs projets.

Les financements européens dédiés peuvent être classés en 3 catégories en fonction de l'envergure du projet ou du secteur d'activité :
- les **fonds structurels**, dédiés au financement des projets d'envergure locale
- les **programmes sectoriels**, dédiés à un secteur en particulier et pour des projets qui dépassent l'échelon local
- les **fonds pour l'action extérieure**, dédiés au financement de projet qui concernent les problématiques de développement dans les pays hors UE.

Prêts, microcrédits, garanties... : l'Union européenne (UE) peut aider les entreprises au travers de financements soutenus par ses soins.

Les aides aux entreprises en difficulté

Le site BPIFRANCE liste les moyens de prévenir et traiter les difficultés que peuvent rencontrer les entreprises. Une fiche d'information du site Service public détaille les aides publiques en cas de difficultés, avec la liste des Commissions départementales des chefs des services financiers (CCSF) et Comités départementaux d'examen des problèmes de financement des entreprises (Codefi). Cette liste est également disponible sur le site de la direction générale des finances publiques, qui détaille sa mission de soutien aux entreprises.

En cas de situation difficile de l'entreprise, plusieurs dispositifs d'aide sont proposés sur le site des impôts. Il est notamment possible de demander des délais de paiement des dettes fiscales en cours.

Le Centre d'information sur la prévention des difficultés des entreprises (CIP), composé d'experts comptables, de commissaires aux comptes et d'avocats, propose une assistance gratuite et personnalisée en cas de difficultés de gestion de l'entreprise.

Infogreffe publie un dossier sur la prévention des difficultés des entreprises, avec un autodiagnostic et les solutions existantes.

Les aides aux entreprises dans le contexte de la crise énergétique

Afin d'aider les entreprises à faire face à la hausse des prix de l'énergie plusieurs dispositifs d'aides ont été mis en place.

Les TPE ont droit à un prix de l'électricité limité à 280 € / MWh, il s'agit de la prolongation en 2024 du dispositif de plafond mis en place en 2023. Il est étendu y compris aux petits consommateurs professionnels ayant une puissance souscrite inférieure à 36 kVA.

Cette aide est accessible à toutes les TPE ayant renouvelé ou souscrit leur contrat avant le 30 juin 2023.

Il n'y a aucune démarche à faire pour bénéficier du plafond prix en 2024 si l'entreprise a déjà bénéficié de cette aide en 2023. L'aide sera appliquée automatiquement par le fournisseur. En cas de changement de situation, il faut le signaler aux fournisseurs.

Si l'entreprise est éligible et n'a pas bénéficié de ce dispositif en 2023, une attestation d'éligibilité devra être envoyée au fournisseur d'électricité.

Ce tarif garanti, est applicable dès la facture de janvier 2024

Les TPE et PME bénéficient de l'amortisseur électricité. L'amortisseur électricité entré en vigueur le 1er janvier 2023 est prorogé pour 2024. Il permet de protéger l'entreprise si elle a signé des contrats d'énergie plus élevés, avec un plafond d'aide unitaire renforcé. Ce plafond est défini par un indicateur présent sur vos factures et devis appliqués par les fournisseurs d'énergie.

Si l'entreprise a un prix unitaire de la part énergie de 350 euros/MWh (0,35 euros/kWh), l'amortisseur électricité permet de prendre en charge environ 20 % de votre facture totale d'électricité.

Toute entreprise est éligible selon certaines conditions :
- être une TPE ou d'une PME de moins de 250 salariés
- l'entreprise n'est pas éligible à la garantie 280 €/MWh
- si a été signé un contrat avant le 30 juin 2023 et qu'il est encore en vigueur en 2024
- et si le compteur électrique est à une puissance supérieure à 36 kVA.

Il n'y a aucune démarche à faire pour bénéficier de l'amortisseur en 2024 pour les entreprises ayant déjà bénéficié de cette aide en 2023. L'aide sera appliquée automatiquement le fournisseur. En cas de changement de situation, il faut le le signaler aux fournisseurs.

Si l'entreprise est éligible et n'a pas bénéficié de ce dispositif en 2023, une attestation d'éligibilité devra être envoyée au fournisseur d'électricité.

Comment s'informer sur tous les dispositifs d'aides publiques ?

- la banque publique d'investissement-France BPI France édite un site dédié à la création d'entreprise « BPI France création »

- Le Pass'entrepreneur permet notamment d'obtenir des informations ciblées en fonction du profil des créateurs d'entreprise et des caractéristiques de leur projet.

- l'Union des entreprises de proximité (U2P) propose aux entreprises des tutoriels qui recensent les aides disponibles et les démarches pour en bénéficier

- la Banque de France accompagne tous les entrepreneurs grâce à plusieurs dispositifs dont un réseau de correspondants TPE sur 102 implantations sur l'ensemble du territoire. Le site de la Banque de France édite un Référentiel des financements des entreprises qui recense les différents types de financement, les acteurs et les techniques utilisées.

- le réseau des référents uniques pour les investissements (RUI), placés auprès des préfets de région, accompagnent les grands projets d'investissements industriels, pour lever les blocages administratifs et boucler leur plan de financements

- les Directions régionales des entreprises, de la concurrence, de la consommation, du travail et de l'emploi (DIRECCTE) aident les entrepreneurs à trouver les bons interlocuteurs pour des conseils en ressources humaines ou bien des conseils personnalisés

- la rubrique « financer mon projet » du site de l'Agence de l'environnement et de la maîtrise de l'énergie (ADEME) liste les aides aux entreprises souhaitant financer un outil de production plus écologique ou optimiser l'usage des ressources

- le portail Team France Export réunit toutes les solutions publiques proposées par les Régions, les services de l'État, Business France, les Chambres de Commerce et d'Industrie et Bpifrance, afin d'accompagner les entreprises à l'internationale

- le portail *économie.gouv.fr* revient sur les aides pour les entreprises implantées en zone rurale avec un guide pratique à l'usage des commerces et des petites entreprises en zone rurale ; le portail economie.gouv.fr présente l'essentiel des aides et crédits d'impôt.

- un vade-mecum des aides d'État est disponible sur le site de la Direction des affaires juridiques des ministères économiques et financiers.

- France Num répertorie sur son site les aides, par région, pour la numérisation des entreprises

- la médiation du crédit aux entreprises, adossée à la Banque de France, est chargée de répondre aux difficultés de financement que rencontrent les entreprises. Elle dispose d'un réseau territorial.

- le service « place des entreprises » rassemble de nombreux partenaires publics et parapublics chargés d'accompagner les TPE & PME.

- les chambres de commerce et de l'industrie proposent des pages regroupant des ressources et des contacts utiles pour l'accompagnement des entreprises en difficulté

- des médiateurs d'entreprises, rattachés au ministère de l'Économie, peuvent accompagner et conseiller les chefs d'entreprises lors de différends avec une autre entreprise ou administration.

Retrouver toutes les aides publiques sur le site aides-entreprises.fr

- Qu'est-ce que le répertoire aides-entreprises.fr ?

Aides régionales, nationales ou européennes, etc. Il est parfois difficile de s'y retrouver parmi les nombreuses aides financières disponibles. Plus de 2 000 dispositifs sont répertoriés.

Les pouvoirs publics proposent un répertoire des aides publiques aux entreprises, développé par CMA France. Il s'agit d'une base d'information de référence sur les dispositifs d'aide et d'accompagnement aux entreprises. Ce répertoire permet une recherche par commune, ou par région, selon le projet et le profil du demandeur, ou directement par le numéro SIREN de l'entreprise.

À partir de ce répertoire, Bpifrance publie la base nationale des aides publiques aux entreprises. Par ailleurs, le réseau des Chambres de commerce et d'industrie a mis en ligne un site intitulé « les-aides.fr » répertoriant également les aides existantes, par type de besoin.

L'espace professionnel de service public, offre, au travers de sa rubrique « aides financières publiques » un panorama des aides et allègements existants en faveur des entreprises.

- Comment sont classées les aides ?

L'accès aux aides s'effectue en renseignant deux critères :

la localisation (région, département, commune ou même quartier) et le besoin de financement (création, développement, embauche, innovation, investissements matériels…)

- Comment accéder au répertoire des aides publiques ?

1. Rendez-vous sur le site *aides-entreprises.fr*
2. Cliquer sur le besoin de financement et renseigner soit la localisation géographique soit le numéro Siren, puis cliquer sur « Rechercher ».
3. Les aides adaptées à la situation apparaissent.

    À ce stade, la recherche peut encore être affinée avec des critères complémentaires :
- le profil de l'entreprise (petite et moyenne entreprise, grande entreprise, artisanat, profession libérale, etc.)
- la nature de l'aide (subvention, prêt, garantie, allègement fiscal, etc.)
- le niveau de l'aide (territoriale, nationale ou européenne) et le financeur

- Chaque aide est ensuite présentée sous le même format, avec différentes catégories (montant, bénéficiaire, conditions d'attribution...) et précise l'organisme à contacter pour en bénéficier.

Exemples d'aides publiques :

- rubrique «créations, reprises »

* Garantie transmission :
Permettre l'installation de nouveaux entrepreneurs par rachat d'une PME ou d'un fonds de commerce en leur facilitant l'accès au crédit bancaire ;
Faciliter le développement d'entreprises existantes par croissance externe.

* Garanties France Active :

France Active accompagne les entrepreneurs dans leurs problématiques financières à tous les stade de la vie de leur entreprise à travers le Programme Pacte (Pacte Emergence, Pacte Création, Pacte Développement, Pacte

Transformation, Pacte Relance).

* Prêt Adie :

Soutenir les créateurs et les développeurs d'entreprises n'ayant pas accès au crédit bancaire.

Microcrédit :
- d'un montant de 12 000 € maximum ;
- taux d'intérêt : 9,75 % [NB: Contribution de Solidarité équivalente à 5 % du montant du microcrédit] ;
- d'une durée maximale de remboursement de 6 à 48 mois.

Un prêt d'apport en capital (jusqu'à 3 000 € sous conditions) peut compléter la demande de financement.

* Prêt d'honneur solidaire :

Permettre aux créateurs ou repreneurs accompagnés et remplissant certaines conditions d'obtenir un financement pour la constitution de leurs fonds propres.

Prêt d'honneur à taux zéro :

•Sans garantie sur les actifs de l'entreprise ou de son dirigeant ;
•D'une durée flexible : entre 1 et 5 ans avec un différé d'amortissement modulable entre 0 et 18 mois ;
•D'un montant compris entre 1 000 et 8 000 €.

* Prêt d'honneur création-reprise :

Renforcer les moyens mis à disposition des porteurs de projet ;
Permettre au porteur de projet accompagné par un opérateur d'accompagnement, dans le cadre de son projet de création, développement ou reprise d'entreprise, d'obtenir un financement de ses besoins professionnels.

prêt d'honneur à taux zéro :
•sans garantie sur les actifs de l'entreprise ou de son dirigeant ;
•d'une durée flexible : entre 1 et 7 ans avec un différé d'amortissement modulable entre 0 et 18 mois ;
•d'un montant compris entre 1 000 et 80 000 €.

* Aide au démarrage et à la commercialisation à destination des commerçants et artisans avec acte de commerce :

Accompagner les installations (créations et reprises) d'entreprises dont l'activité est liée au secteur du commerce et de l'artisanat avec acte de commerce, afin de favoriser leur implantation le maintien ou le développement de services et le maintien et la création d'emplois sur le territoire.

* Aide individuelle à la formation professionnelle (AIF) :

Aide au financement d'une formation professionnelle nécessaire à la reprise d'un emploi ou à la création d'une entreprise.

* Jeune entreprise innovante – exonération des cotisations sociales patronales

Soutenir la création d'entreprises innovantes, grâce à un statut particulier leur permettant de bénéficier d'allègements sociaux (et fiscaux).

L'exonération porte sur les cotisations patronales d'assurances sociales et d'allocations familiales dues au titre des rémunérations versées aux dirigeants.

- rubrique « emploi et formation »

* Activité partielle de longue durée

Offrir la possibilité à une entreprise - confrontée à une réduction durable de son activité - de diminuer l'horaire de travail de ses salariés, et de recevoir pour les heures non travaillées une allocation en contrepartie d'engagements, notamment en matière de maintien en emploi.

Cette aide fait partie du plan France Relance. Elle peut être mobilisée dans le cadre du plan de résilience.

* Aide volontariat territorial en entreprise territoires d'industrie

Inciter les PME et ETI françaises à se doter de nouvelles compétences en recrutant des étudiants et jeunes diplômés de l'enseignement supérieur, sur des missions à responsabilités ou des projets de développement essentiels et structurants.

* Aide volontariat territorial en entreprise vert

Accompagner le recrutement de 1 000 jeunes dans des TPE, PME et ETI sur des métiers de la transition écologique.

Cette aide fait partie du Plan de relance et du dispositif #1jeune#1solution.

* Aide au conseil en ressources humaines

Soutenir les projets des TPE/PME qui souhaitent renforcer leur fonction ressources humaines (RH) par l'intermédiaire d'un accompagnement personnalisé.

Subvention représentant 100 % maximum des dépenses éligibles.

* Aide exceptionnelle aux employeurs d'apprentis

Le gouvernement a mis en place une aide exceptionnelle au recrutement des apprentis, jusqu'au niveau master et pour toutes les entreprises.

Subvention de 6 000 € pour la première année d'exécution des contrats entre le 1er janvier et le 31 décembre 2023.

* Aide exceptionnelle aux employeurs de jeunes en contrat de professionnalisation

Dans le cadre du plan #1jeune1solution, le gouvernement met en place une aide exceptionnelle au recrutement des jeunes en contrat de professionnalisation.

Subvention de 6 000 € pour pour la première année d'exécution des contrats entre le 1er janvier et le 31 décembre 2024.

* Aide unique aux employeurs d'apprentis

Soutenir l'embauche d'apprentis dans les PME. Subvention de 6 000 € maximum au titre de la première année d'exécution du contrat d'apprentissage.

* Allocation de chômage partiel

L'activité partielle est un outil de prévention des licenciements économiques qui permet de maintenir les salariés dans l'emploi afin de conserver des compétences, voire de les renforcer lorsque leur entreprise fait face à des difficultés économiques. A partir du 1er janvier 2023, le taux horaire minimum de l'allocation d'activité partielle versée à l'employeur est de 8,03 €.

* Crédit d'impôt pour dépenses de formation des dirigeants

Il a été créé un crédit d'impôt en faveur des entreprises qui exposent des dépenses pour la formation de leurs dirigeants afin d'encourager les dirigeants d'entreprises à participer à des actions de formation. Le crédit d'impôt est égal au produit du nombre d'heures passées en formation par le taux horaire du SMIC (plafond de 40 heures par an).

* Dispositif emplois francs

Lutter contre le chômage dans les quartiers prioritaires de la politique de la ville et contre les phénomènes de discriminations à l'embauche.

Pour un temps plein :

- 15 000 € sur 3 ans pour une embauche en CDI (5 000 euros par an) ;

- 5 000 € sur 2 ans pour une embauche en CDD d'au moins 6 mois (2 500 € par an).

* Epargne salariale – plan d'épargne d'entreprise – exonérations sociales et fiscales

Le plan d'épargne entreprise (PEE) est un système d'épargne collectif ouvrant aux salariés la faculté de constituer, avec l'aide de l'entreprise, un portefeuille de valeurs mobilières.

* Expérimentation « territoires zéro chômeur de longue durée »

Favoriser la création d'emplois sous forme de contrats à durée indéterminée, en faveur des personnes privées durablement d'emploi, dans des entreprises de l'économie sociale et solidaire en redéployant les dépenses sociales existantes.

Ce fonds est financé par l'Etat et les départements concernés.

* Fonds national pour l'emploi pérenne dans le spectacle – aide à l'embauche dans le secteur spectacle

Favoriser la pérennisation ainsi que l'allongement de la durée des contrats dans le secteur du spectacle.

Pour un CDI à temps plein, le montant de l'aide est égal à 10 000 € par an pendant trois ans.

Pour un CDD à temps plein, le montant de l'aide est égal à :

- 200 € par mois pour un contrat dont la durée est supérieure ou égale à un mois et inférieure à quatre mois ;
- 300 € par mois pour un contrat dont la durée est supérieure ou égale à quatre mois et inférieure à huit mois ;
- 400 € par mois pour un contrat dont la durée est supérieure ou égale à huit mois et inférieure à douze mois ;
- 500 € par mois pour un contrat dont la durée est supérieure ou égale à douze mois.

* Minoration du taux de cotisation accidents du travail/maladies professionnelles
Aider les entreprises ayant pris des mesures de prévention des risques liés aux accidents de travail et aux accidents de trajet.

* Réduction générale des cotisations patronales de sécurité sociale
Permettre à l'employeur d'un salarié au SMIC de ne plus payer aucune cotisation. Le montant de l'allègement est égal au produit de la rémunération annuelle brute par un coefficient.

* Stages en milieu professionnel – franchise de cotisations et contributions sociales
Afin d'encourager l'accueil de stagiaires et de leur permettre de recevoir une gratification, une partie de cette gratification est exonérée de cotisations sociales.

* Subvention prévention TPE – aide et soins à la personne en établissement
Réduire les risques liés aux ports de charges lourdes, aux gestes répétitifs et aux postures contraignantes.

Subvention représentant :

- 50 % du montant (HT) des sommes engagées pour acquérir le matériel ;
- 70 % du montant (HT) des sommes engagées pour les formations et les prestations d'accompagnement.

L'aide est comprise entre 1 000 et 25 000 €.

* Subvention prévention TPE – captage peinture en menuiserie
Réduire les risques liés aux agents chimiques dangereux dont les cancérogènes, mutagènes, toxiques pour la reproduction (CMR).

- rubrique « gestion financière et exonérations »

* Prêt croissance relance
- compris entre 50 000 et 5 000 000 €
- inférieur ou égal au montant des fonds propres et quasi-fonds propres de l'emprunteur ;
- sans sûreté sur les actifs de la société, ni sur le patrimoine du dirigeant ;
- d'une durée de 2 à 10 ans, avec un différé d'amortissement en capital de 2 ans maximum, avec échéances trimestrielles avec amortissement linéaire du capital.

Seule une retenue de garantie de 5 % est prévue. Elle vous est restituée après remboursement du prêt, augmentée des intérêts qu'elle a produits.

Les prêts sont obligatoirement associés à un financement extérieur (concours bancaires, apport en fonds propres, crowdfunding, crowdlending) d'un montant au moins égal.

* Exonération de la TICFE (Taxe Intérieure sur la Consommation d'électricité)

Permettre aux entreprises de bénéficier d'une exonération de la TICFE (Taxe Intérieure sur la Consommation Finale d'Électricité).

Exonération de la TICFE (Taxe Intérieure sur la Consommation Finale d'Électricité).

PME selon la définition européenne en vigueur ayant une importante consommatrice d'électricité : la TICFE doit représenter au moins 0,5% de la valeur ajoutée.

Exonération partielle de la TICFE.

* Crédit d'impôt en faveur des métiers d'art
Soutenir les entreprises relevant des métiers d'art par un crédit d'impôt sur leurs dépenses de conception et d'innovation.

Crédit d'impôt représentant 10 % du montant des dépenses éligibles. Le taux est porté à 15 % pour les entreprises labellisées « entreprises du patrimoine vivant ». Le crédit d'impôt est plafonné à 30 000 euros par an et par entreprise.

* Crédit d'impôt recherche – avance de trésorerie

Permettre aux entreprises qui ne peuvent ni imputer, ni se faire rembourser l'excédent de Crédit d'Impôt Recherche non encore imputé sur l'impôt sur les sociétés de bénéficier ainsi d'une trésorerie immédiatement disponible.

Financement de 30 000 € minimum plafonné à 80 % de la créance.

* Crédit d'impôt pour la rénovation énergétique des locaux des TPE et des PME
Accompagner la transition écologique des TPE et des PME.

Crédit d'impôt représentant 30 % des dépenses éligibles, dans la limite de 25 000 € par entreprise.

Le crédit d'impôt est cumulable avec les autres aides déjà existantes, comme les certificats d'économies d'énergie (CEE).

* Fonds d'investissement Bpifrance capital développement

Bénéficier de financements de long terme pour investir et se développer. - Prise de participation au capital de l'entreprise, généralement en tant qu'actionnaire minoritaire aux côtés d'autres actionnaires familiaux, industriels ou financiers ; Investissement en fonds propres ou quasi-fonds propres, sous forme d'obligations convertibles ou d'obligations à bons de souscription d'actions par exemple.

* Garantie du développement des PME et TPE
Soutenir les entreprises en développement souhaitant réaliser des investissements où la banque ne peut intervenir seule.

- rubrique « développement commercial »

* Aide au démarrage et à la commercialisation à destination des commerçants et artisans avec acte de commerce

Subvention représentant 60 % maximum des dépenses éligibles dans la limite de :

- 500 € pour une micro-entreprise ;
- 1 000 € pour les autres statuts.

* Aide automatique ou allocation directe aux effets visuels numériques

Soutenir les entreprises de production déléguées pour la réalisation d'œuvres cinématographiques de longue durée ou d'œuvres audiovisuelles lorsque l'utilisation et la mise en valeur des effets visuels numériques constituent un aspect déterminant de cette réalisation.

Subvention représentant 20 % des dépenses éligibles, dans la limite de 500 000 € par oeuvre.

* Aide aux publications numériques

Soutenir les éditeurs souhaitant publier et diffuser un ensemble d'ebooks.

Subvention représentant 60 % maximum des dépenses éligibles, comprise entre 2 000 et 50 000 €.

Chaque demandeur peut, au plus, soumettre deux demandes par an de subvention.

* Aide à la distribution de films en salle

Soutenir la distribution des œuvres cinématographiques en France. Subvention représentant 50 % (25 % pour les films agréés qui ne sont pas d'expression originale française) des frais de sortie réels effectués pris en compte dans la limite de 122 000 euros avec un montant maximum d'aide à 61 000 euros par film.

* Aide à la distribution de la presse : presse quotidienne d'information politique et générale en France

Soutenir la distribution de la presse quotidienne nationale d'information politique et générale vendue au numéro en France ; préserver le pluralisme des quotidiens d'information politique et générale ; conforter la pérennité du système coopératif de distribution de la presse. Subvention répartie entre les titres bénéficiaires au prorata du nombre d'exemplaires vendus dans l'année n-1 par chacun de ces titres.

* Aide à la participation aux salons parisiens, à des showrooms et des plateformes digitales pour les jeunes entreprises de création

Subvention représentant 75 % des dépenses éligibles dans la limite de 10 % du CA de l'entreprise (si une partie de la collection ou du prototypage est réalisé à l'étranger, le taux de subvention passe de 75 % à 50 %).

Dans le cas de deux lignes pour une même entreprise, le montant total de subvention ne pourra pas excéder 10K€.

Une seule subvention possible par entreprise et par marché.

- rubrique « Exportation »

* Assurance prospection accompagnement
Accompagner et sécuriser les premières initiatives des TPE et des PME primo ou faiblement exportatrices. Avance représentant 65 % des dépenses éligibles.

* Crédit export

Aider les entreprises à être plus compétitives à l'international et à favoriser leurs exportations.

- Crédit acheteur : compris entre 5 et 25 millions d'euros en prêteur seul et jusqu'à 75 millions (part Bpifrance) en cofinancement ;
- Crédit fournisseur : de 1 à 25 millions d'euros.

La quotité est de 85 % maximum de la part "exportée" du contrat commercial.

Ces financements :
- sont des financements à moyen/long terme pour des durées de 3 à 10 ans ;
- seront couverts par l'assurance de Bpifrance Assurance Export à 95 %.

* Garantie international
Obtenir une garantie pour le financement du développement international de l'entreprise.

* Prêt croissance international
Financer les investissements de développement de l'activité à l'international.
- Prêt compris entre 30 000 et 5 000 000 € par intervention ;
- Encours maximum : 15 000 000 € dans la limite des fonds propres et quasi-fonds propres de l'entreprise ;
- Durée de 7 ans, à taux fixe, remboursable à partir de la 3ème année ;
- Sans garantie réelle, ni du chef de l'emprunteur, ni sur le dirigeant, ni d'une société holding.
- Seule une retenue de garantie de 5 % du montant initial du prêt est prévue. Restituée après complet remboursement du prêt, augmentée des intérêts qu'elle a produits.

* Aide à la distribution de la presse : presse française à l'étranger
Encourager la réduction du coût de transport à l'étranger des titres diffusés par vente au numéro.
Subvention :
- répartie entre les titres bénéficiaires,
- dont le montant varie en fonction de la diffusion des titres concernés pour l'année considérée et de leur évolution, par rapport à l'année précédant la demande, sur les zones géographiques à destination desquelles la diffusion de la presse est aidée de manière prioritaire,
- dont la répartition est décidée par le directeur général des médias et des industries culturelles.

* Diagnostic Europe

Faciliter l'accès des PME françaises à l'Accélérateur du Conseil Européen de l'Innovation (EIC) dans le cadre du programme de soutien à la R&D Horizon Europe.

Bpifrance prend en charge 50 % du montant de la prestation fixée à 20 000 € HT maximum.

* Fonds d'études et d'aide au secteur privé

Financer des études de faisabilité ou des démonstrateurs au bénéfice d'autorités publiques étrangères dans les pays en développement ;
Amorcer des projets menés par les entreprises françaises, dans un double objectif de soutien à l'export et d'aide aux pays en développement.
Subvention ou avance remboursable comprise entre 100 000 et 800 000 euros.

- rubrique « Innovation »

* France 2030 - Appel à projets "Développement de technologies innovantes critiques"

Cofinancer des projets de recherche et développement portant sur des briques technologiques innovantes et critiques en cybersécurité.
Date limite de candidature : 23 avril 2025.
Cet appel fait partie du programme France 2030.
Projets permettant le développement de briques technologies innovantes et critiques en cybersécurité.
. Entreprise, porteur unique ;
. Consortium qui rassemble des partenaires industriels ;
. Consortium qui rassemble des partenaires industriels et des partenaires de recherche
Aide dont le montant dépendra du projet, sous forme mixte de subvention et d'avance remboursable.

* Crédit d'impôt innovation

Le crédit d'Impôt Innovation (CII), prévu par l'article k du II de l'article 244 quater B du CGI depuis le 1er janvier 2013, est une extension du crédit d'impôt recherche (CIR) à certaines dépenses d'innovation des PME (opérations de conception de prototypes ou installations pilotes de nouveaux produits).

Le taux du crédit d'impôt calculé au titre de ces dépenses est fixé à :
•30 % en métropole
•60 % en Outre-Mer.
•35 % pour les dépenses engagées dans le projet au titre des exercices comptables clos à partir du 31 décembre 2019. Après cette date, il est de 20 %.

* Garantie innovation

Développer l'innovation au sein d'une entreprise.

Garantie de prêts à moyen ou long terme ou de crédit-bail, y compris les prêts personnels aux associés pour réaliser des apports en fonds propres, avec une quotité maximale de 60 % et une commission de 0,80 %.

Plafond de risques (toutes banques confondues) : 1,5 millions € sur une même entreprise ou groupe d'entreprises.

* Jeune entreprise innovante – exonération (impôt sur les bénéfices, CFE, taxe foncière sur les propriétés bâties)

Le statut de Jeune Entreprise Innovante permet aux entreprises qui réalisent un effort important de R&D de bénéficier de réduction de leur fiscalité.

* Pass PI

Soutenir financièrement l'entreprise dans ses premières démarches de propriété intellectuelle.

Dépense financée à 50 %, plafonnée à 3 000 € maximum.

Le dispositif permet de financer jusqu'à 3 prestations dans la vie d'une entreprise, à travers 3 Pass PI distincts. Le montant maximum cumulé par entreprise est fixé à 10 000 €, soit un financement global INPI de 5 000 €.

* Aide au diagnostic data intelligence artificielle

Identifier des projets de rupture et de transformation stratégique basés sur l'exploitation de la donnée et l'intelligence artificielle.

Bpifrance cofinance le diagnostic à hauteur de 50 %, sur un coût compris entre 3 000 et 10 000 € HT.

* Aide au développement deeptech

Aider les entreprises, qui mènent des projets d'innovation technologique deeptech, comportant des travaux de recherche industrielle et/ou de développement expérimental, à mettre au point des produits, procédés ou services innovants présentant des perspectives concrètes d'industrialisation et de commercialisation.

Aide plafonnée à 2 000 000 €, accordée sous forme mixte de subvention et d'avance récupérable, pouvant couvrir jusqu'à 50 % des dépenses éligibles prévisionnelles.

* Aide aux entreprises de la filière aéronautique

Aider financièrement les entreprises à répondre aux appels d'offres et aux besoins de donneurs d'ordre aéronautique.

* Aide aux projets de recherche, développement ou innovation (RDI)

Soutenir les projets de Recherche, de Développement, d'Innovation (RDI) qui ne sont actuellement pas couverts par les appels à projets de l'ADEME ou d'autres financeurs de la recherche.

Subvention représentant 25 à 100 % des dépenses éligibles selon le bénéficiaire, la nature de son activité et son projet.

* Aide pour le développement de l'innovation

Aider les entreprises qui mènent des projets comportant des travaux de recherche industrielle et/ou de développement expérimental.

Participation au financement du projet, sous la forme d'une avance récupérable ou d'un Prêt Innovation R&D. Cette intervention est modulée par Bpifrance en fonction des caractéristiques et de l'état d'avancement du projet, du niveau de risque, du profil de l'entreprise, de l'incitativité réelle de l'aide (taux d'aide de 25 à 65 % sur assiette des dépenses retenues).

* Amortissement fiscal pour les entreprises qui investissent dans le capital des PME innovantes

Favoriser le capital-investissement d'entreprise ("corporate venture") dans les PME innovantes.

Amortissement sur une période de 5 ans des investissements effectués dans le cadre du "corporate venture". L'amortissement s'applique aux sommes versées pendant les 10 années suivant le 3 septembre 2016.

* Appel à projets : « métaux critiques »

Réduire la dépendance aux métaux critiques de l'industrie pour les politiques prioritaires de la France dans les champs industriels, environnementaux et climatiques.

Aide sous forme de subvention et/ou d'avance remboursable, dont le montant est défini en fonction du projet et du bénéficiaire.

* Appel à projets : « stratégie d'accélération sur la 5G et les futures technologies de réseaux de communications »

Soutenir les propositions de projets s'inscrivant dans le cadre de la stratégie d'accélération sur la 5G et les futures technologies de réseaux :

- développement de solutions françaises et européennes sur les réseaux télécoms ;
- consolidation des forces de recherche et développement sur les futures technomogies de réseaux dont la 6G

Aide mixte sous forme d'une subvention et d'une avance récupérable, dont le montant est défini en fonction du projet.

- rubrique «transition écologique et énergétique »

* Appel à projets Innovation Fund - Batteries

Soutenir les projets permettant de produire des éléments de batteries innovants pour véhicules électriques ou de déployer des techniques, procédés et technologies de fabrication innovants.
La date limite de candidature est fixée au 24 avril 2025.
Projets de fabrication de cellules de batteries de véhicules électriques démontrant des technologies, procédés ou produits innovants, suffisamment matures et ayant un potentiel important de réduction des émissions de gaz à effet de serre.
Entreprises de toutes tailles.
Subvention dont le montant dépendra du projet.

* Crédit d'impôt pour la rénovation énergétique des locaux des TPE et des PME

Accompagner la transition écologique des TPE et des PME.

Crédit d'impôt représentant 30 % des dépenses éligibles, dans la limite de 25 000 € par entreprise.

Le crédit d'impôt est cumulable avec les autres aides déjà existantes, comme les certificats d'économies d'énergie (CEE).

* Prêt vert

Soutenir les PME et ETI indépendantes souhaitant financer un programme de transition écologique et énergétique.

Prêt :

- compris entre 50 000 et 5 000 000 € ;
- inférieur ou égal au montant des fonds propres et quasi propres de votre entreprise ;
- d'une durée de 2 à 10 ans avec jusqu'à 2 ans de différé ;
- sans garantie sur les actifs de l'entreprise, ni sur le patrimoine du dirigeant.

Une retenue de garantie de 5 % du montant du prêt est prélevée lors du décaissement.

* Prêt Economies d'énergie

Permettre aux entreprises d'acquérir des équipements permettant d'améliorer votre efficacité énergétique.

* Accompagnement des actions d'adaptation au changement climatique y compris l'innovation

Soutenir les actions :

- d'adaptation au changement climatique, y compris des mesures d'atténuation (limiter l'empreinte carbone par une meilleure valorisation des ressources, matières, énergie) ;

- visant à promouvoir une « écologie industrielle » autour de la question des effluents et de la consommation d'eau.

- Déconnection des eaux pluviales pour infiltration ou réutilisation, investissements nécessaires à la réutilisation des eaux usées traitées : subvention représentant jusqu'à 40 % des dépenses éligibles avec un bonus de :
* 10 % pour les entreprises moyennes
* 20 % pour les petites entreprises ;

- Projets d'innovation : subvention représentant jusqu'à 50 % des dépenses éligibles avec un bonus de :

* 10 % pour les entreprises moyennes
* 20 % pour les petites entreprises ;

- Plateformes industrielles : subvention représentant jusqu'à :

* 50 % des dépenses éligibles pour les études et l'animation,

* 70 % des dépenses éligibles pour la communication.

* Aide au développement des petites entreprises du commerce, de l'artisanat avec point de vente

Aider les petites entreprises du commerce de proximité et de l'artisanat à financer les travaux et les équipements matériels liés à l'installation ou au développement du point de vente.

Subvention représentant 30 % des dépenses éligibles : 20 % de la région Auvergne-Rhône-Alpes, 10 % de de la Communauté des Hautes Terres.

Ce taux peut être porté à 40 % s'il y a un co-financement des communes suivantes : Murat, Massiac, Allanche et Marcenat.
Ce dispositif est accordé dans le respect du régime européen d'exemption par catégorie de minimis qui limite à 200 000 € sur 3 exercices consécutifs le montant total d'aides publiques accordé par entreprise.

* Aide au fonctionnement pour la chaleur bas carbone
Soutenir l'exploitation d'installations produisant de la chaleur à partir de biomasse ou de combustibles solides de récupération.

Subvention compensant tout ou partie de l'écart existant, après prise en compte des autres aides dont bénéficie éventuellement le projet, entre les coûts moyens de production d'une unité d'énergie au moyen de la biomasse ou de combustibles solides de récupération et les coûts moyens de production d'une unité d'énergie au moyen de combustibles fossiles qui auraient été utilisés en l'absence d'aide.

* Aide aux investissements d'écoconception pour améliorer la performance environnementale
Améliorer la performance environnementale des produits et services suite à la réalisation d'un diagnostic écoconception ou d'une étude de faisabilité.

Subvention représentant 15 à 55 % des dépenses éligibles selon le projet et la taille de l'entreprise.

* Aide aux points de recharge ouvert à tout public pour les professionnels des services de l'automobile

Soutenir la filière des services de l'automobile.

Subvention représentant 50 % des dépenses éligibles pour une subvention maximale de :

• 1 700 € HT pour une borne ayant une puissance de recharge entre 3,7 et 11 KW AC ;
• 2 200 € HT pour une borne ayant une puissance de recharge entre 12 et 43 KW AC ;
• 4 500 € HT pour une borne ayant une puissance de recharge entre 20 et 40 KW DC ;
• 7 500 € HT pour une borne ayant une puissance de recharge supérieure à 40 KW DC ;
• 15 000 € HT pour une borne ayant une puissance de recharge supérieure à 140 KW DC.

* Aide aux points de recharge à destination des flottes et salariés des professionnels des services de l'automobile
Soutenir la filière des services de l'automobile.

Subvention représentant 25 % des dépenses éligibles, dans la limite de 750 € par point de recharge.

* Aide aux projets de recherche, développement ou innovation (RDI)

Soutenir les projets de Recherche, de Développement, d'Innovation (RDI) qui ne sont actuellement pas couverts par les appels à projets de l'ADEME ou d'autres financeurs de la recherche.

Subvention représentant 25 à 100 % des dépenses éligibles selon le bénéficiaire, la nature de son activité et son projet.

- rubrique « investissements matériel et immatériel, et immobiliers »

* Aide à l'installation en milieu rural

Soutenir l'installation de commerces dans des communes qui en sont dépourvues ou dont les derniers commerces ne répondent plus aux besoins de première nécessité de la population.

Environ 10 à 15 projets d'implantation seront identifiés dans chaque région par les préfectures.

- Pour les commerces sédentaires :

acquisition des locaux et travaux relatifs à la remise en état du local : subvention représentant 50 % des dépenses éligibles dans une limite de 50 000 €

•aménagement des locaux et acquisition du matériel professionnel : subvention représentant 50 % des dépenses éligibles dans une limite de 20 000 € (25 000 si le projet présente un intérêt particulier en matière de développement durable, ou un caractère innovant dans son modèle économique).

- Pour les commerces non sédentaires : subvention représentant 50 % des dépenses d'investissement dans une limite de 20 000 €.

- Pour tous les commerces : subvention de 5 000 € maximum pour les prestations d'accompagnement. Cette aide peut être cumulée avec d'autres dispositifs.

* Crédit-bail immobilier

Financer les projets immobiliers à long terme de l'entreprise, tout en préservant sa trésorerie et en sécurisant son projet.

* Garantie du développement des PME et TPE

Soutenir les entreprises en développement souhaitant réaliser des investissements où la banque ne peut intervenir seule.

- Bpifrance partage avec la ou les banques de l'entreprise le risque lié au financement de ses investissements ;

- Bpifrance réduit le risque du crédit qu'accorde la banque de 40 à 70 %.

* Formation France num pour passer au numérique

Sensibilisation : session courte et condensée de formation (en général une 1/2 journée) centrée sur des difficultés opérationnelles pouvant être résolues par des solutions ou des usages numériques spécifiques. Ces séances se déroulent, selon les cas, en ligne ou en présentiel ;

Accompagnement-action : parcours de quelques heures (environ 10h incluant du travail personnel) réparties dans le temps (souvent sur 2 ou 3 semaines). Ils permettent de tester des outils et des usages dans le contexte de l'entreprise et d'échanger avec les formateurs et les autres entreprises en apprentissage.

Sont concernées les TPE et PME de tous secteurs d'activités souhaitant engager un processus de transformation numérique :
•ayant plus 2 ans d'existence ;
•réalisant plus de 15 000 € de CA sur un des derniers exercices (à partir de 2019).
Formation entièrement prise en charge dans le cadre du Plan de Relance.

* Prêt à moyen ou long terme

Financer les investissements des entreprises aux côtés de leurs banques. Crédit à partir de 50 000 €.

Dans le cadre de ce dispositif, le porteur du projet obtient un prêt de sa banque et un prêt de Bpifrance. Le fait de réduire son engagement permet à la banque d'accompagner l'entreprise sur ses autres projets.

* Subvention prévention TPE – aide et soins à la personne en établissement
Réduire les risques liés aux ports de charges lourdes, aux gestes répétitifs et aux postures contraignantes.

Pour le matériel : subvention représentant 50 % des dépenses éligibles ; Pour la formation : subvention représentant 70 % des dépenses éligibles.

* Subvention prévention TPE – risques chimiques équipements
Réduire les risques liés aux agents chimiques dangereux dont les cancérogènes, mutagènes, toxiques pour la reproduction (CMR).

* Aide financière automatique à la diffusion en Vidéo à la demande

Aider les éditeurs de vidéo à la demande pour la diffusion en ligne des oeuvres cinématographiques, complétant ainsi le dispositif des aides à destination de ce secteur.
Subvention représentant :
- 15 % des dépenses éligibles pour les éditeurs de VàD qui ont un CA total mondial hors taxes résultant de la diffusion d'oeuvres cinématographiques et audiovisuelles inférieur à 50 millions d'euros ou appartiennent à un groupe de personnes physiques ou morales dont le CA total mondial hors taxes relatif à cette exploitation est inférieur à 50 millions d'euros ;
- 10 % pour les éditeurs de VàD qui ont un CA total mondial hors taxes résultant de la diffusion d'oeuvres cinématographiques et audiovisuelles compris entre 50 et 200 millions d'euros ou appartiennent à un groupe de personnes physiques ou morales dont le CA total mondial hors taxes relatif à cette exploitation est compris entre 50 et 200 millions d'euros.

Le montant total des aides financières à la diffusion en ligne des oeuvres cinématographiques et audiovisuelles ne peut excéder 50 % des dépenses éligibles. Les aides sélectives éventuelles reçues par ailleurs doivent être prises en compte dans ce calcul.

- rubrique «Transmission »

* Exonération des droits de mutation en cas de cession d'une entreprise à un salarié ou au conjoint du cédant

Exonérer des droits de mutation à titre onéreux les salariés et les membres du cercle familial qui procèdent au rachat d'une entreprise pour :
- Inciter à la transmission d'entreprises ;
- Faciliter le maintien de l'emploi.

Abattement de 300 000 € sur la valeur du fonds ou de la clientèle ou sur la fraction de la valeur des titres représentative du fonds ou de la clientèle, pour la liquidation des droits d'enregistrement.

Cet abattement ne pourra s'appliquer qu'une seule fois entre un même cédant et un même acquéreur.

* Fonds impact local – soutien aux commerces indépendants

Permettre aux commerces indépendants de consolider leur trésorerie, d'être accompagné dans leur projet de développement ou encore de leur faciliter l'accès au financement bancaire d'un projet de transmission nécessitant un co-financement.

Prêt :

- de 20 000 € minimum

- d'une durée comprise entre 3 et 7 ans avec un différé de remboursement en capital jusqu'à 2 ans ;

- sans garanties réelles ou personnelles.

 Un accès à :

- un accompagnement personnalisé ;

- un soutien juridique.

* Fonds d'investissement Bpifrance capital transmission

Soutenir la transmission et la reprise des entreprises.

Prise de participation au capital de l'entreprise, généralement en tant qu'actionnaire minoritaire aux côtés d'autres actionnaires familiaux, industriels ou financiers.
Intervention sous la forme de quasi-fonds propres, sous forme d'obligations convertibles ou d'obligations à bons de souscription d'actions par exemple.

CHAPITRE 7

L'exil fiscal à l'étranger

Quand on évoque l'exit fiscal on pense généralement paradis fiscal. Les paradis fiscaux sont une réalité. Ils défrayent régulièrement la chronique. Ils sont souvent au cœur des scandales financiers de détournement d'argent ou d'optimisation fiscale. S'il n'existe aucune définition précise d'un paradis fiscal, des caractéristiques communes permettent de les identifier. Les montants en jeu sont astronomiques et ont des conséquences néfastes pour l'ensemble de l'économie mondiale.

Les paradis fiscaux dans le monde ...

Qu'est-ce qu'un paradis fiscal ?

Il n'en existe aucune définition officielle. Cependant, l'Organisation de Coopération et Développement Économiques (OCDE) considère qu'un paradis fiscal est un territoire qui répond aux caractéristiques suivantes :

- le secret bancaire y est strictement appliqué ;
- les taxes sur les revenus, les bénéfices ou les patrimoines, sont faibles ou nuls, particulièrement pour les non-résidents ;
- les conditions d'installation de sociétés et d'ouverture de comptes sont peu contraignantes ;
- la coopération judiciaire et fiscale avec les autres États est faible ou inexistante. Autres caractéristiques habituelles de ce type de pays : ils doivent être stables sur les plans économique et politique, pour rassurer les investisseurs. Le secteur financier y est surdéveloppé par rapport à la taille du pays et à la dimension de son économie.

Notion de paradis fiscal : quelques définitions

Au sens strict, la notion de paradis fiscal se différencie à la fois des zones offshore et des paradis bancaires ou judiciaires. Dans le langage courant, toutefois, on désigne sous cette appellation tous les « territoires non coopératifs ».

Paradis fiscaux et zones offshore

Les paradis fiscaux sont donc des États souverains ou des dépendances autonomes d'autres pays (Jersey, îles Caïmans…) offrant un abri à des non-résidents souhaitant échapper à l'impôt. Ces territoires de taille réduite, en imposant très faiblement de nombreuses grosses fortunes, en tirent des ressources très élevées relativement à leur taille.

Ils sont à distinguer des zones offshore, qui hébergent des banques, compagnies d'assurance et gestionnaires de fonds mais ne disposent pas d'une véritable régulation. Ce régime administratif de faveur s'applique à l'activité économique produite depuis ce territoire. Il suffit à une entreprise de disposer d'une adresse sur le territoire.

Les centres financiers offshore sont la plupart du temps aussi des paradis fiscaux mais la réciproque n'est pas forcément vraie.

On parle de société offshore lorsqu'une entreprise :

- établit son siège social dans un pays étranger dans lequel elle n'exerce aucune activité commerciale,
- dont les dirigeants responsables ne sont pas domiciliés sur place
- bénéficiaire de certains avantages fiscaux, elle est entièrement extérieure au pays d'accueil sans structure, infrastructures et locaux

Paradis fiscaux, bancaires et judiciaires

Ils ne doivent pas être confondus, même s'il peut exister des recoupements. Les pays caractérisés par un fort secret bancaire sont appelés paradis bancaires (ou financiers).

Les paradis judiciaires sont des territoires échappant aux lois, notamment pénales, communément admises dans les autres États et refusant tout échange d'information avec ces derniers.

Il ne faut pas confondre non plus les paradis fiscaux et les territoires permettant une optimisation fiscale. Car il existe, au sein même de l'Europe, des États pratiquant le

« dumping » fiscal, c'est-à-dire prévoyant des impositions particulièrement faibles, parfois seulement au profit des étrangers, de manière à attirer des capitaux et des sièges sociaux dans leur territoire (comme nous le verrons ci-après)

Quels sont les paradis fiscaux ?

Il n'existe aucune liste officielle des pays considérés comme des paradis fiscaux. l'OCDE (organisation de coopération et de développement économiques) établit régulièrement une liste de paradis fiscaux parmi laquelle figure en particulier, généralement, une trentaine de pays qui s'engagent à prendre des mesures pour améliorer la transparence et faciliter l'échange d'informations fiscales, ce qui leur permet d'être rayés de la liste de paradis fiscaux « non coopératifs ». L'OCDE classe les paradis fiscaux en trois listes :

- la liste noire regroupe les États qui ne coopèrent pas fiscalement.
- la liste grise concerne les États « qui ont promis de se conformer aux nouvelles règles sans les appliquer et ceux qui s'y conforment substantiellement ».
- la liste blanche pour les États qui ont fait un effort réel et dont les règles sont « conformes aux standards internationaux de l'OCDE ».

Aujourd'hui, 12 pays figurent sur la liste noire par exemples Trinité et Tobago, Vanuatu, la Russie et la liste grise comprend 10 états dont par exemple l'Arménie, les Seychelles, le Vietnam.

Il est important de souligner qu'un réseau, le groupe Tax Justice Network, considère que les critères retenus par l'OCDE sont insuffisants. Se focalisant sur un indice rendant compte des possibilités offertes aux multinationales pour réduire leur imposition, ce réseau identifie régulièrement les 10 principaux paradis fiscaux. En

2024, il s'agissait des territoires suivants : les Îles Vierges britanniques, les Îles Caïmans, les Bermudes, les Pays-Bas, la Suisse, le Luxembourg, Hong-Kong, Jersey, Singapour, Sigapour et l'Irelande.

La France a elle aussi établi une liste des États et territoires non coopératifs (ETNC). En 2024, elle recensait 16 paradis fiscaux : les Îles Vierges américaines, Anguilla, le Panama, les Seychelles, Vanuatu, Fidji, Guam, les Îles Turques et Caïn, Palaos, les Samoa américaines, Samoa, Trinité et Tobago, les Bahamas, Antigua, Belize, Russie.

Quant à la Commission européenne, le 8 octobre 2024, elle a adopté la liste de l'UE des pays et territoires non coopératifs à des fins fiscales qui comprend 11 pays : Anguilla, Vanuatu, Figji, Guam, Iles Vierges américaines, Palaos, Panama, Russie, Samoa, Samoa américaines, Trinité et Tobago.

Au delà de ces listes officielles il est intéressant de remarquer qu'en Asie également de petits pays pratiquent des politiques assez agressives en matière de contournement des règles fiscales. Hong Kong atteint la 7e place du classement et la première des pays hors OCDE. Singapour est, quant à elle, 9ème paradis fiscal selon le Réseau pour la justice fiscale. Ces deux États sont également, selon l'organisme Oxfam, deux des dix pays qui proposent les politiques fiscales les plus nocives.

Apparaissent également comme paradis fiscal les Émirats arabes unis qui la doivent aux Pays-Bas, lesquels, sont, pour le Réseau pour la justice fiscale, à l'origine du détournement de 218 milliards de dollars d'investissements directs étrangers par de grandes compagnies vers Dubaï et les Émirats arabes unis. Il s'agirait de fonds en provenance des États-Unis et d'Afrique du Sud qui habituellement étaient orientés vers la Chine. Cet apport a considérablement développé l'activité financière des grandes entreprises dans ce pays du Moyen-Orient.

Hormis quelques petits États, l'Asie est assez peu représentée dans les listes des paradis fiscaux : Chine, Macao, Taïwan.

Et en la matière, celle des paradis fiscaux, le Top du classement est composé d'îles issues du territoire britannique ou américain d'outre-mer : Iles Vierges américaines, Iles Caïmans, Samoa, les Bermudes, ...

Qui utilise les paradis fiscaux ?

Les utilisateurs des paradis fiscaux (au sens large) sont très divers. Il peut s'agir de grandes entreprises qui y installent des filiales, des fonds spéculatifs, des filiales de banques, de riches particuliers, ou encore des sociétés d'investissement.

Toutes les grandes entreprises françaises (du CAC 40) sont présentes (au moins à travers certaines de leurs filiales) dans les pays offrant des services financiers de type « paradis fiscal au sens large », comme la Suisse ou le Luxembourg par exemple.

Les réseaux criminels internationaux s'en servent également, notamment à des fins de blanchiment d'argent.

Quels sont les montants en jeu ?

Les enjeux financiers soulevés par les paradis fiscaux sont loin d'être négligeables. Il est, par définition, très difficile de chiffrer les montants qui transitent par les paradis fiscaux. Selon le FMI (fonds monétaire international), 50 % des transactions internationales transiteraient par des paradis fiscaux.

Une étude menée par le Tax Justice Network estime le montant des actifs financiers cachés dans les paradis entre 21 000 et 32 000 milliards de dollars. Cela pourrait représenter entre 30 % et 45 % du PIB mondial.

Pour la France, les fourchettes proposées peuvent varier considérablement en fonction des définitions et des hypothèses retenues. Un rapport parlementaire de 2013 concluait, par exemple, que l'évasion fiscale s'élevait à 3 % du PIB en France. Dans son ouvrage « La richesse cachée des nations », l'économiste Gabriel Zucman estimait à 17 milliards d'euros (soit quasiment 1 % de PIB) le coût pour la France du seul secret bancaire. Un rapport de l'ONG Tax Justice Network de 2023 donnait, quant à lui, un chiffre de 27 milliards d'euros pour les pertes subies par la France du fait de l'évasion fiscale.

Les conséquences néfastes des paradis fiscaux

Les paradis fiscaux ont des conséquences à plusieurs niveaux :

- la dégradation des finances publiques car c'est un manque à gagner pour les États. On estime que ces fuites représentent un manque de revenus fiscaux de plus de 200 milliards d'euros ;
- une perte d'autonomie des politiques fiscales, car les États sont poussés à s'aligner sur les taux d'imposition les plus faibles pour limiter l'évasion fiscale ;
- l'opacité et l'instabilité financière : les pertes peuvent être plus facilement sorties du bilan, ce qui empêche le contrôle des actionnaires et agences de notation. Les grands acteurs financiers peuvent ainsi plus facilement prendre des risques inconsidérés ;

- l'injustice : ce sont les entreprises et les contribuables les plus mobiles, c'est-à-dire les plus riches, qui peuvent profiter de l'aubaine que constituent ces endroits et ainsi se soustraire à l'impôt ;
- la criminalité : en proposant des instruments juridiques permettant d'occulter l'origine de fonds, les paradis fiscaux et judiciaires constituent des boîtes noires précieuses pour la criminalité transnationale.

... et en Europe

La concurrence fiscale est rude en Europe comme dans le reste du monde. Avec la libéralisation progressive des flux de capitaux, de biens et de services, certains Etats ont préféré jouer sur des règles d'imposition avantageuses sur les sociétés afin de les attirer sur leur territoire.

A noter que la Grande-Bretagne est particulièrement représentée puisque dans le classement des paradis fiscaux on trouve Jersey qui est une dépendance de la Couronne britannique. On observe également que d'autres territoires britanniques intègrent la liste : Jersey, Iles Vierges. Le Royaume-Uni et son réseau seraient responsables à hauteur de 31% des risques d'évasion fiscale.

La Grande-Bretagne n'est toutefois pas le seul pays de l'OCDE à laisser les grandes entreprises transférer leurs bénéfices en dehors des pays dans lesquels elles réalisent leur chiffre d'affaires.

L'exemple le plus frappant est celui des Pays-Bas. Avec des taux d'imposition très bas sur certaines activités, les Pays-Bas invitent les entreprises à créer leur siège social dans le pays sans nécessairement y avoir d'activité. L'ONG OXFAM avait d'ailleurs mis en évidence les pratiques des Pays-Bas, les classant comme 3e pire paradis fiscal du monde.

Sans surprise, le classement des paradis fiscaux comprend la Suisse et le Luxembourg. Toutefois, la Suisse n'est plus aussi sollicitée pour contourner l'impôt sur les sociétés. Le paradis fiscal suisse s'est même transformé en enfer pour les Français . Malgré tout, les pays de l'OCDE resteraient responsables de plus de 68% des pertes fiscales mondiales, ce qui représente 166 milliards de dollars par an.

La réduction des taux d'imposition sur les sociétés en Europe

Ces dernières décennies, la tendance a été à la baisse de la fiscalité sur les entreprises. Dans 109 juridictions analysées par l'OCDE, le taux légal de l'impôt sur les sociétés était de 20,6 % en moyenne en 2020, contre 28 % 20 ans plus tôt. En Europe, l'Allemagne et la Bulgarie ont par exemple énormément réduit leur taux légal, l'abaissant de plus de 20 points de pourcentage entre 2000 et 2020.

Le taux légal de l'impôt sur les bénéfices des sociétés, qui correspond au taux nominal auquel sont soumises les entreprises, ne permet toutefois pas de connaître précisément le régime fiscal attribuable à un Etat : il ne prend en compte ni l'ampleur de l'assiette à laquelle s'applique ce taux, ni les taux spécifiques et préférentiels éventuellement prévus pour certains secteurs économiques.

C'est pour cette raison que le taux d'imposition effectif moyen (TIEM), calculé par l'OCDE, lui est préféré ici. Cet indicateur "mesure l'impôt moyen qu'une entreprise acquitte dans le cadre d'un projet d'investissement qui génère des profits économiques positifs", indique l'organisation internationale.

Dans les pays couverts par les données de l'OCDE, le taux effectif s'établit à 20 % en moyenne en 2022 : l'écart avec le taux légal d'imposition moyen (21,4 %) est de 1,3 point, mais il est beaucoup plus important dans certains pays. De manière générale, la comparaison des deux indicateurs montre que les déductions fiscales ont tendance à être plus généreuses lorsque les taux légaux sont les plus élevés.

La France, qui avait le taux effectif moyen le plus élevé d'Europe (30,3 % en 2019), a ramené progressivement son taux légal à 25 % pour les bénéfices de sociétés supérieurs à 38 120 euros. Celui-ci pouvait atteindre jusqu'à 33 % auparavant.

A l'opposé, Guernesey, Jersey et l'île de Man, territoires autonomes du Royaume-Uni, ont abaissé leur taux à 0 % en 2009. Sous la barre symbolique des 10 %, on retrouve également l'Andorre. Elle n'avait aucun système de fiscalité des entreprises mais s'est dotée en 2012 d'un régime général d'imposition des sociétés. Pour autant, la principauté a également mis en place des régimes préférentiels qui permettent aux entreprises de payer moins que 9 %.

Le taux effectif moyen a cependant ses propres limites : il est utilisé en théorie, dans des cas types d'investissement d'une entreprise, et de bénéfices sur cet investissement. De plus, il ne prend pas en compte les incitations à la recherche et développement (R&D) ainsi que la fiscalité sur la propriété intellectuelle (marques, brevets…), souvent plus profitable pour les sociétés. La comparaison basée sur ces données du taux d'imposition effectif offre donc un premier aperçu de l'état de la concurrence fiscale en Europe, mais ne suffit pas pour autant.

D'autres indicateurs permettent de déceler si un Etat a mis en place des dispositifs fiscaux particulièrement avantageux : c'est notamment le cas des investissements qui y sont réalisés par des entreprises étrangères. Des pays comme l'Irlande ou le Luxembourg sont ainsi la destination d'une quantité d'investissements directs à l'étranger (IDE) beaucoup plus importante que ce que pourrait laisser imaginer leur PIB. Ces IDE entrants représentaient 338 % du PIB en Irlande, 356 % aux Pays-Bas et 856 % au Luxembourg en 2020, contre 32 % et 31 % pour la France et la Finlande, par exemple. Ce qui laisse présager que les trois premiers pays ont des mécanismes spécifiques pour attirer les investissements.

Il est difficile de savoir combien les Etats prélèvent réellement sur les profits des entreprises. Comme l'explique un rapport de juin 2020 du Conseil des prélèvements obligatoires (CPO), institution liée à la Cour des comptes, produire une analyse quantitative "est toujours délicate en matière de fiscalité internationale des bénéfices, puisque les données sont partielles et la modélisation moins aisée que dans d'autres champs de la fiscalité", une difficulté liée au fait que "les bases de données sur les multinationales les plus couramment utilisées sont par trop incomplètes".

Réduction de la base imposable et montages fiscaux

Outre la réduction générale des taux d'imposition présentée plus haut, la réduction de la base imposable est couramment utilisée par certains pays afin d'attirer les activités et donc les bénéfices de ces entreprises.

Plusieurs pays comme l'Irlande ont ainsi fait de leur faible fiscalité pour les sociétés un élément-clé de leur politique économique. Avec un taux de 12,5 % et des accords spécifiques sur les impôts, l'île d'Emeraude a su attirer sur son sol des multinationales telles que Google, Facebook ou Intel. Plusieurs entreprises ont profité d'un vide juridique dans la loi irlandaise pour réduire considérablement leurs impôts. Google avait par exemple mis à profit le « Double Irish », un montage entre les Etats-Unis, l'Irlande et les Bermudes lui permettant de ne payer quasiment aucun impôt en Europe. Mais face à la pression internationale, le pays a interdit certains montages d'optimisation fiscale.

Les actifs incorporels, comme la propriété intellectuelle, sont taxés différemment des autres bénéfices dans beaucoup de pays, ce qui peut permettre à une entreprise de réduire sa base imposable. C'est ce qu'a fait Apple. Le groupe a transféré sa propriété intellectuelle en Irlande et a ainsi continué à y localiser d'énormes profits. Et avec la numérisation de l'économie, un nombre croissant d'entreprises dépend de ces actifs immatériels : algorithmes, marques ou brevets peuvent ainsi être localisés, dans un but d'optimisation fiscale, au sein d'Etats à la fiscalité avantageuse.

De nombreux Etats ont mis en place des "patent boxes", présentant des déductions fiscales pour les revenus sur les brevets ou sur les logiciels. Malte enregistrait ainsi en 2019 une différence de 30 points entre le taux légal (environ 35 %) et celui qui peut s'appliquer à la propriété intellectuelle (5 %). Et si le taux effectif moyen y est parmi les plus élevés d'Europe, un système d'imputation permet en réalité aux investisseurs de se faire rembourser une large partie de leurs impôts, ce qui allège considérablement la fiscalité réelle de l'archipel.

Les crédits d'impôts permettent également de déduire certains frais de l'assiette fiscale, comme les dépenses de recherche et développement (R&D). En France, le crédit d'impôt recherche permet aux entreprises qui investissent dans la R&D de bénéficier d'importants remboursements de leurs dépenses. En 2019, parmi les 36 pays membres de l'OCDE, 30 proposaient des incitations fiscales concernant l'innovation et la R&D.

Par ailleurs, des accords préférentiels (rescrits fiscaux) entre des multinationales et certaines administrations, souvent pointés du doigt, permettent à certains Etats de faire baisser la fiscalité sur les sociétés. Le Luxembourg a par exemple permis à Amazon d'échapper à l'impôt sur les sociétés entre 2006 et 2014.

Enfin, certains pays comme la Belgique, l'Italie, la Pologne ou le Portugal, ont mis en place des déductions fiscales sur les fonds propres des sociétés. La Belgique avait ainsi en 2019 un taux légal plutôt élevé (environ 30 %) mais un taux effectif moindre (23 %).

Du côté des plus grandes entreprises, plusieurs leviers sont utilisés pour transférer des profits d'un pays à un autre. Ces outils les plus couramment mobilisés par les multinationales, sans évolution de la localisation des activités réelles, incluent l'endettement intragroupe, les prix de transfert (prix des transactions entre sociétés d'un même groupe et résidentes d'États différents) et la localisation des actifs immatériels (marques ou brevets par exemple.

Par ailleurs, l'imposition n'est pas le seul facteur pour qu'une entreprise décide de s'installer dans un pays : le coût de l'énergie, de l'immobilier et de la main d'œuvre, la qualité des infrastructures de transport et de télécommunications, la stabilité administrative et juridique, l'existence de centres de production ou de recherche déjà implantés sont autant de critères pour les investisseurs.

Imposition minimale des grands groupes

La loi de finances pour 2024 transpose une directive européenne afin d'assurer dans les Etats membres des règles globales anti-érosion de la base d'imposition approuvées le 14 décembre 2021 par le Cadre inclusif de l'OCDE.

De manière simplifiée, ces règles visent à faire en sorte que les groupes d'entreprises dont le chiffre d'affaires consolidé est supérieur à 750 millions d'euros supportent sur leurs bénéfices un taux d'imposition minimal de 15 % dans chaque juridiction.

Le taux effectif d'imposition devra être calculé, pour chaque exercice et pour chaque juridiction, en faisant le rapport entre la somme des montants corrigés des impôts couverts des entités constitutives situées dans cette juridiction et le bénéfice qualifié net de celles-ci. En cas d'insuffisance d'imposition constatée dans la juridiction, un impôt complémentaire, calculé sur une assiette correspondant au bénéfice qualifié net du groupe dans la juridiction minoré d'une déduction fondée sur la substance, devra être acquitté.

En principe, cet impôt complémentaire devra être versé par l'entité mère ultime du groupe dans son Etat de résidence selon la règle d'inclusion du revenu (RIR ou Income Inclusion Rule – IIR en anglais). A défaut, cet impôt devra être collecté, *au prorata,* dans les juridictions appliquant ces règles dans lesquelles sont établies les autres entités constitutives du groupe selon la règle des bénéfices insuffisamment imposés (RBII ou Undertaxed Payments Rule – UTPR en anglais). En outre, les Etats peuvent décider de mettre en place un impôt complémentaire national afin de collecter eux-mêmes cet impôt complémentaire au titre des entités constitutives établies sur leur territoire.

La loi de finances pour 2024, qui insère ces règles dans un nouveau chapitre *ad hoc* créé dans le code général des impôts (CGI), est fidèle au contenu de la Directive mais reprend certaines précisions apportées par les instructions administratives publiées par l'OCDE postérieurement à l'adoption de la Directive, dont notamment les mesures de sauvegarde « Safe Habours » transitoires.

Par ailleurs, comme l'autorisent la Directive et les règles OCDE, la loi prévoit la création d'un impôt national complémentaire qualifié auquel pourront être assujetties les entités constitutives établies en France d'un groupe entrant dans le champ des règles Pilier 2. Cet impôt, déterminé au niveau de l'ensemble de ces entités françaises puis affecté à chacune d'entre elles selon les mêmes règles d'assiette et de taux que celles prévues pour la RIR, devra en principe être déclaré et payé individuellement par chacune d'entre elles, sauf désignation d'une entité chargée de s'en acquitter et de déposer le relevé de liquidation pour l'ensemble de ces entités.

L'impôt complémentaire, qu'il soit déterminé selon la règle d'inclusion du revenu, selon la règle relative aux bénéfices insuffisamment imposés ou selon les règles de l'impôt national complémentaire qualifié, ne sera pas déductible de l'assiette de l'impôt sur les sociétés.

En matière de procédure et de recouvrement, la loi précise qu'il convient de suivre les règles applicables à l'impôt sur les sociétés, sauf exceptions. Ces exceptions comprennent notamment l'absence d'acomptes trimestriels, un délai de reprise de l'administration courant jusqu'à la fin de la cinquième année qui suit celle au titre de laquelle l'imposition est due et des pénalités particulières en cas de manquements déclaratifs.

Ces nouvelles règles s'appliquent aux exercices ouverts à compter du 31 décembre 2023, à l'exception de la règle sur les bénéfices insuffisamment imposés qui s'appliquera, en principe, aux exercices ouverts à compter du 31 décembre 2024.

Prenant en compte la poursuite des travaux au niveau de l'OCDE, la loi habilite le gouvernement à compléter ou à préciser les dispositions relatives à la déclaration, au recouvrement, au contrôle et aux sanctions par ordonnance. Par ailleurs, le texte renvoie à un décret le soin de préciser, notamment, le contenu des obligations déclaratives. Enfin, pour prendre en compte les instructions administratives du Cadre inclusif non encore reprises ou à venir, des commentaires administratifs, voire même de nouveaux textes législatifs, sont attendus.

L'exit fiscal : le top 10 des destinations à l'étranger

1 - Anguilla : un paradis fiscal à zéro % d'impôts...

Anguilla est totalement indépendante depuis les années soixante-dix, et demeure maintenant, un modèle de stabilité politique.

Cette île est située en mer des Caraïbes, à quelques kilomètres de Saint Martin. Sa superficie est de 91 Km2 et comprend 7.500 habitants, dont moins d'un millier vit dans la capitale (La Valle). C'est Christophe Colomb qui a découvert cette île en 1493. Sa forme allongée, ressemblant à une anguille, lui a donné son nom.

Pour créer une société il faut avoir son siège social à Anguilla, et avoir un représentant local autorisé. Concernant le régime fiscal, il n'y a :

- pas d'impôt sur le revenu ni sur les sociétés.
- pas de droit de succession,
- pas d'impôts sur les donations,
- pas de doit sur les successions.
- pas de plus-value sur le capital
- pas de retenue à la source.
- pas de T.V.A
- pas de contrôle des changes.

Comme dans la plupart des autres paradis fiscaux, il est interdit de créer une banque ou une activité d'assurance sans autorisation du gouverneur. On ne peut pas non plus commercer avec Anguilla.

La création d'une société à Anguilla ne peut être faite que par un professionnel. Un questionnaire obligatoire est à remplir apportant aux autorités des renseignements sur les actionnaires.

Le coût de création d'une société de type « IBC » est de l'ordre de 2.400 à 2700 euros auquel s'ajoutent les frais de domiciliation.

La création à Anguilla est intéressante, mais les frais de création sont élevés. D'autres destinations comme les "Iles Vierges Britanniques" ou mieux, le "Delaware" (USA) ou l'Ile Maurice sont plus intéressantes.

2- Andorre

Pays réputé très attractif pour son excellent cadre ainsi que pour son niveau de vie particulièrement séduisant, l'Andorre l'est également en ce qui concerne l'imposition et la fiscalité d'entreprise. Les autorités du pays mènent d'ailleurs depuis quelques années une politique visant à attirer sur le territoire de nombreux investisseurs étrangers. Il faut dire que les avantages pour les chefs d'entreprise sont très intéressants, au niveau de la rémunération comme de la taxation des dividendes.

- - Les principaux points de la législation :

La Principauté possède l'un des systèmes fiscaux les plus avantageux d'Europe et même du monde, qu'il concerne les particuliers ou les entités « non physiques » telles que les entreprises. Voici les éléments à prendre en compte concernant le cadre global d'imposition et de fiscalité des entreprises en Andorre :

- le taux d'impôt sur les sociétés varie de 2% à 10% au maximum ;
- aucun impôt sur les dividendes, ni sur la fortune ;
- absence de droits de succession ;
- absence d'impôt sur l'immobilier ;
- pas de taxe sur les véhicules de société ;
- faibles cotisations de sécurité sociale (CASS) ;
- le taux de TVA (IGI, Impôt Général Indirect) est le plus bas d'Europe : 4,5%.

- Imposition et fiscalité d'entreprise en Andorre : cas concret pour un chef d'entreprise

Le gérant de la société dispose de deux moyens de rétribution qui vont impacter le système d'imposition et de fiscalité de son entreprise andorrane, soit il se verse un salaire, soit il se rémunère uniquement en dividendes (ceux-ci ne sont pas imposables).

Si l'entrepreneur se verse un salaire de 5 000 € par mois, soit 60 000 € de rétribution annuelle, et que sa société fait un résultat de 100 000 € avant versement du salaire, il reste 40 000 € de bénéfices dans la société une fois le salaire déduit. La société devra payer 10% d'impôts sur le bénéfice, soit 4 000 €. Un montant de 36 000 € de dividendes est alors non imposable, augmentant d'autant le revenu net disponible.

- Spécifications pour l'imposition et la fiscalité d'entreprise en Andorre

Si le taux le plus élevé d'imposition sur les bénéfices d'entreprise en Andorre s'élève à 10%, les sociétés à vocation internationale, les holdings et les organisations de gestion financière intragroupe ou de Sicav bénéficent de taux plus faibles, voire nuls, comme dans les exemples suivants :

- Société à vocation internationale : imposition de 2% au maximum ;
- Holding (sur des sociétés étrangères) : 0% d'imposition ;
- Société de gestion et investissement financier intragroupe : imposition de 2% au maximum ;
- Société de gestion de Sicav : 0% d'imposition.

Précisons que les entreprises souhaitant bénéficier du statut de société à vocation internationale ou de société de gestion et d'investissement financier intragroupe doivent être installées en Andorre (propriétaires ou locataires de bureaux sur le territoire, raison sociale domiciliée en Principauté).

- Prélèvements individuels

Indépendamment de l'imposition et de la fiscalité d'entreprise en Andorre, les cotisations individuelles des personnes résidant en Andorre s'établissent comme suit :

- 0% sur la tranche de 0 € à 24 000 € ;
- 5 % sur la tranche de 24 001 € à 40 000 € ;
- 10 % sur la partie supérieure à 40 000 €

3 - Les Iles Vierges Britanniques (BVI)

Créer une société offshore aux BVI, c'est profiter d'une fiscalité à 0% et de contraintes légères pour la création et la gestion d'une société depuis l'étranger. Les BVI sont très populaires et disposent du crédit nécessaire au niveau international.

Deux formes de sociétés offshore existent aux BVI : la British Virgin Islands Business Company (IBC) et la British Virgin Islands Ordinary Resident Company. La IBC est la forme de société offshore la plus courante au sein de ce paradis fiscal.

Les BVI sont une place offshore absolue et permettent de réaliser toutes transactions internationales. C'est un paradis fiscal. Les sociétés offshore s'adressent :

- Aux entrepreneurs internationaux,
- Aux consultants & conseillers,
- Au commerce international,
- Pour la détention de droits de propriété intellectuelle,
- Pour la détention de biens mobiliers et immobiliers,
- Pour les successions,
- Pour les courtiers en Bourse & Forex.

Les avantages d'une société aux Iles Vierges Britanniques :

- Absence totale d'impôts sur les sociétés offshore de type IBC,
- Ouverture de comptes bancaires offshore,

- Anonymat des transactions et des bénéficiaires économiques,
- Immatriculation de yachts offshore.

Les inconvénients d'une société aux Iles Vierges Britanniques :

- Ne pas entreprendre des transactions commerciales dans la juridiction offshore,
- Les sociétés offshore ne peuvent pas commercer entre elles aux BVI,
- Le Registre du Commerce n'étant pas accessible et ouvert au public aux BVI, la procédure permettant de justifier de la propriété de la société offshore est assez lourde.

4 - L'Ile maurice

L'île Maurice attire chaque année de nombreux investisseurs et entreprises, qui bénéficient d'un climat des affaires particulièrement dynamique et propice. Au fil des années, les gouvernements successifs se sont efforcés de leur fournir un environnement propice à l'expansion de leurs activités à l'étranger. Qui plus est, le pays a signé de nombreuses conventions de double imposition, offrant des avantages majeurs aux sociétés étrangères résidant à Maurice à des fins fiscales.

- Impôt sur les sociétés :

- Le taux d'imposition sur les sociétés est de 15 %. Sont concernés les bénéfices du commerce, les intérêts, les dividendes de l'étranger, les loyers,

- Les revenus commerciaux, d'entreprise libérale, loyers (CPS Current Payment) doivent être déclarés trimestriellement à la MRA.

- Année fiscale :

L'année fiscale commence le 1er juillet pour s'achever au 30 juin de l'année suivante. Les déclarations d'impôts doivent être soumises à la MRA au plus tard le 30 septembre et le 15 octobre par voie électronique.

- TVA : à Maurice elle est de 15 %.

- Fiscalité des compagnies offshore à l'île Maurice

A l'île Maurice, un investisseur étranger peut créer une Global Business Company (GBC) ou une Authorised Company. Selon les récentes modifications, la société Global Business License (GBC) doit verser auprès du Registrar of Companies :

- Une redevance annuelle de 325 USD et une autre de 1 950 USD,
- Une redevance unique de 500 USD lors de la demande de licence auprès de la FSC,
- Une redevance unique de 250 USD lors de la constitution de la société

Les Global Business License (GBC) ne sont pas assujetties :

-
- À l'impôt sur les plus-values,
- Aux retenues à la source sur le paiement de dividendes, d'intérêts ou de redevances de sociétés du même statut,
- Au droit de timbre ou à la taxe sur le capital

La GBC est soumise à une taxe de 15% :

- Si elle possède au moins 5 % d'une société sous-jacente, elle bénéficiera d'un crédit sur l'impôt étranger payé sur le revenu à partir duquel le dividende a été payé (« crédit d'impôt étranger sous-jacent »).

- Lorsqu'une société ne réside pas à Maurice et reçoit du dividende d'une autre société ne résidant pas à Maurice (« dividende secondaire ») et dont elle détient directement ou indirectement au moins 5 % du capital-actions, ce dividende sera admissible en tant que crédit sur l'impôt étranger et crédit pour impôt étranger sous-jacent.

- Les paiements d'intérêts et de redevances versés par la GBC sont entièrement déductibles des impôts à Maurice.

Les crédits d'épargne fiscale :

- Sous ce régime, le taux effectif de taxation à Maurice peut être réduit grâce à une disposition à effet prolongé, qui permet aux GBC : de ne pas avoir à fournir une preuve écrite indiquant le montant de l'impôt étranger perçu, de bénéficier d'une imposition à 80 % du taux normal de 15 %, soit 12 %. Ainsi, l'utilisation isolée de cette disposition de longue durée réduira le taux effectif de taxation à Maurice de 15 % à 3 %.

Les fiducies offshore :

- Elles sont taxées de la même manière que les GBC, toutefois, le revenu imposable est défini comme la différence entre le revenu net généré par la fiducie et le montant global distribué aux bénéficiaires conformément aux termes de l'acte de fiducie. En outre, tout montant distribué à des bénéficiaires non-résidents est exonéré de l'impôt sur le revenu.

- Elles bénéficient également d'un crédit pour impôt étranger sur leur revenu de source étrangère à condition toutefois de présenter une preuve écrit du montant de l'impôt étranger perçu et qui doit être égal à 80 % de l'impôt de Maurice percevable sur ce revenu.

Une fiducie offshore peut demander par notification écrite auprès du Commissaire des comptes mauricien, à être considérée comme non-résidente à Maurice à des fins fiscales et d'être exempte d'imposition. Dans un tel cas, elle ne peut pas bénéficier des accords de non double imposition signés par Maurice.

5 - **Malte**

Parmi les destinations les plus prisées en ce moment en matière de création d'entreprise offshore, on peut bien sûr évoquer Malte, une petite île située en Méditerranée en dessous de l'Italie, et qui fonctionne en toute indépendance. Si les entrepreneurs se tournent de plus en plus vers ce petit pays européen, c'est bien sûr parce que les conditions fiscales sont absolument intéressantes, lieu de toutes les convoitises actuelles des Européens, et surtout des Français.

Alors qu'en France les entrepreneurs sont soumis à un système fiscal très peu avantageux, on peut trouver des moyens, à Malte, de faire perdurer son activité et de gagner un peu plus d'argent, pour la simple et bonne raison que la fiscalité est beaucoup moins importante.

Cette île qui n'est située qu'à 2h en avion de Paris propose à la base un taux d'imposition à 35%, ce qui pourrait paraître élevé. Cependant, le système comporte quelques mécanismes qui permettent de faire descendre le taux d'impôt sur les sociétés à 5% seulement. Et lorsque l'on opte pour une société holding, c'est encore mieux, puisque le taux d'imposition est nul.

La création d'une entité offshore maltaise est prisée des opérateurs de jeux en ligne, la législation y étant la plus souple d'Europe. Le système bancaire est bon, quelques banques locales acceptant assez volontiers des entités dirigées par des non résidents.

Comme de nombreux pays, Malte encourage les investissements étrangers sur son territoire selon la nature du projet, le nombre d'emplois potentiellement créés et le secteur d'activité.

Les sociétés qui sont constituées en dehors de Malte mais dont la gestion et le contrôle sont exercés à partir de Malte sont également considérées comme résidentes fiscales à Malte mais sont imposées sur :

• Les revenus provenant de Malte,
• Les revenus provenant de l'étranger dans la mesure où ils sont rapatriés à Malte,
• Les bénéfices réalisés à Malte

Des régimes fiscaux spéciaux peuvent s'appliquer, entre autres, aux bénéfices pétroliers, aux bénéfices tirés des activités d'assurance, de transport maritime et aérien et aux bénéfices provenant de certaines industries cibles, conformément à la loi sur les entreprises.

Même si Malte n'a pas de règles en matière de prix de transfert, par des sociétés étrangères contrôlées ou de capitalisation restreinte, il existe une règle générale pour lutter contre l'évasion fiscale.

Malte a mis en œuvre les directives de l'UE, notamment la directive sur les sociétés mères-filiales, les intérêts et les redevances et la directive sur les fusions, ainsi que la directive sur l'épargne qui exige l'échange d'informations entre les administrations fiscales lorsque des intérêts sont versés dans un État membre de l'UE à un particulier résidant dans un autre État membre.

Malte offre un régime fiscal extrêmement avantageux, basé sur un système d'imputation complet, dans lequel l'impôt sur les bénéfices payé par la société distributrice de dividendes est mis à la disposition de l'actionnaire sous forme d'avoir fiscal, afin d'éviter une double imposition sur le même revenu (pour la société et ensuite pour l'actionnaire).

Le taux d'imposition de 35 % appliqué à la société étant égal au taux d'imposition maximum des personnes physiques, la distribution de dividendes ne donne donc pas lieu à une imposition supplémentaire pour les actionnaires.

6 - Créer une société au Maroc …

… en économisant jusqu'à 85% des impôts dus et en réalisant une économie sur les salaires pouvant aller jusqu'à 70% du coût du travail tel que constaté en France ou en Belgique par exemple.

Vous avez bien lu, c'est une fiscalité et des conditions sociales absolument avantageuses :

- Exonération de 5 ans sur les bénéfices
- Exonération des charges sociales pour les 10 premiers salariés recrutés (peuvent exercer aussi en télétravail)
- Facturation en HT
- Exonération totale des charges sociales pour les gérants et associés
- Pas d'obligation de résidence
- Pas de capital minimum exigé

Le seul impôt que vous aurez à payer en tant que personne physique c'est 15% sur les dividendes distribués sans cotisations sociales ni CSG et cela vous dispense de toute déclaration de revenus au Maroc !

En ce qui concerne l'IS, le principe de territorialité s'applique. En effet, une société est soumise à l'IS au Maroc lorsqu'elle détient des biens, et lorsqu'elle a des revenus qu'elle génère de manière occasionnelle sur le territoire marocain. Peu importe, si l'entreprise a son siège basé ou non sur le territoire, une fois qu'elle effectue des opérations lucratives dans les frontières marocaines, elle se voit soumise à l'impôt.

Pour calculer l'IS à payer par une entreprise, on se base sur le résultat fiscal qui a été au préalable déterminé par l'autorité fiscale. Le résultat fiscal est « l'excédent des produits sur les charges de l'exercice ».

Il peut arriver que l'exercice de l'entreprise soit déficitaire. Dans ce cas, il est important de reporter les pertes fiscales pourvu qu'elles ne concernent pas les amortissements. En effet, le report des pertes fiscales peut se faire sur quatre exercices alors que les amortissements peuvent s'étaler à l'infini.

La cotisation minimale d'IS est de 3000 dirham (environ 300 €) et l'entreprise a l'obligation de la verser en une seule fois. Toutefois, il faut préciser qu'au Maroc, les sociétés ne paient pas d'IS minimal durant les 5 premières années à partir de la date de démarrage des activités ou exploitation sauf pour les concessionnaires du service public. Une fois que l'entreprise atteint ses 5 ans de fonctionnement, l'exonération cesse d'être appliquée.

Le taux réduit s'applique de 8,75 % à 17, 50 % aux entreprises après 5 ans d'exonération. Ce taux concerne :

- toutes les sociétés qui font de l'exportation de produits ou services à l'exception des exportateurs de métaux ayant un chiffre d'affaires en dehors du Maroc.
- les sociétés qui exercent dans l'hôtellerie ou la gestion de bien hôtelier et touristique

sinon l'impôt est du au taux normal de 30 % en moyenne.

L'IS est retenu à la source. Les taux d'imposition pour la retenue à la source sont

10 ou 20 ou 30 %.

Le paiement de l'IS est totalement informatisé au Maroc. En effet, la plateforme Simpl-IS a été mise à disposition des représentants légaux pour toutes les déclarations et paiement en ligne.

Le paiement de l'IS est divisé en quatre versements dont chacun doit être égal à 25% du montant total de l'impôt concernant l'exercice précédent. Si le montant de l'IS est au-dessus du montant des acomptes qui ont été versés, un reliquat peut être apporté par la société sous forme de paiement spontané. Mais s'il y a plutôt un excédent d'impôt, l'excédent sera automatiquement imputé sur le premier acompte provisionnel ou sur les autres acomptes restants.

7 - Panama

Situé à l'extrême sud de l'Amérique Centrale, le Panama partage ses frontières avec la Colombie et le Costa Rica. Le pays est un écrin de verdure à la faune et à la flore abondantes.

Considéré pendant près d'un siècle comme une voie d'eau intérieure américaine, le canal du Panama, autrefois sous contrôle américain, est repassé sous la souveraineté de la république panaméenne, en 1999. Cette voie navigable permet de relier l'océan Atlantique et l'océan Pacifique.

L'économie du Panama est en plein essor, principalement du à des dispositions fiscales très favorables constituant une véritable aubaine que les investisseurs étrangers ont très vite saisi.

Ce n'est pas un hasard si les plus grosses fortunes du globe se bousculent pour investir au Panama. C'est un paradis fiscal et un véritable refuge pour les investisseurs. Les sociétés offshore au Panama se multiplient.

Le Panama est le deuxième pays de libre échange au monde après Hong Kong, grâce au canal de Panama. Avec des opérations de transactions exemptes de toutes taxes, ce paradis fiscal a une économie très dynamique.

Le système bancaire est solide et prospère et propose des comptes bancaires offshore.

Panama propose des pavillons de complaisance et l'immatriculation de yachts.

Panama est une destination offshore à considérer pour les activités d'import/export, pétrolières et minières, mais n'est pas adapté pour commercer directement avec l'Europe.

Le pays dispose de la plus grande zone franche d'Amérique, la Colon Free Trade , zone, qui permet de commercer avec une franchise totale de toute imposition.

Les sociétés offshore pouvant être constituées dans cette juridiction sont :

- la Panama Corporation : pas de capital minimum à libérer lors de la constitution, trois directeurs et au moins un actionnaire.
- le Panama Limited Partnership : capital social compris entre 2 000 et 500 000 USD, les noms de tous les membres sont inscrits au Registre du Commerce local.
- l'Individual Limited Proprietorship : responsabilité des actionnaires limitée aux apports.
- les Panama Trusts : création d'un Trust offshore pour les investisseurs de nationalité étrangère, se référant à un avocat du Panama.

- la Fondation au Panama : détention de biens mais pas d'activités commerciales.

Le Panama, malgré des affaires médiatisées récurrentes, reste une valeur sûre dans le cadre de l'échiquier mondial du offshore. Créer une entreprise au Panama est un réel plus, car tout est simple et le niveau d'imposition est particulièrement faible. Que vous souhaitiez créer une société offshore, un trust ou encore une fondation, le Panama est une juridiction à la fois bienveillante et « complète » pour les entrepreneurs du monde entier.

Les avantages fiscaux sont nombreux, mais le plus important est de bien délimiter son projet et ses différents objectifs (qualitatifs comme quantitatifs).

L'Impôt général sur le revenu des sociétés est de 25% mais il peut varier si la société est soumise à un impôt minimum de remplacement (IMR).

Le taux d'imposition pour les sociétés étrangères : La République du Panama adhère au régime fiscal territorial dans la mesure où tous les revenus générés au Panama sont imposés sans discrimination, qu'ils proviennent d'une personne physique ou morale, panaméenne ou étrangère et que les revenus issus d'activités "offshore" des personnes physiques ou morales ne sont pas imposés (ce qui constitue une exception importante aux principes généraux de la fiscalité internationale). Une société est considérée comme résidente fiscale lorsqu'elle a été constituée dans le pays et si le Panama est considéré comme le lieu où la direction centrale est installée.

Les succursales situées sur le territoire du pays doivent payer l'impôt sur les dividendes par le biais d'une retenue à la source définitive de 10% du revenu net imposable généré par la succursale, moins tous les impôts sur le revenu payés par la même société au Panama.

La taxation des plus-values : les plus-values de cession de valeurs mobilières et d'instruments négociables sont imposées au taux de 10%. L'acheteur doit retenir 5% du prix de vente comme provision fiscale et payer le montant à l'administration fiscale.

Les plus-values immobilières sont imposées au taux de 25% si l'opération donnant lieu à la plus-value fait partie de l'activité principale du contribuable, sinon un taux réduit de 10% est appliqué. Toutefois, dans ce dernier cas, l'acheteur doit retenir 3% du prix de vente ou de la valeur imposable du bien (le montant le plus élevé étant retenu) et payer ce montant en guise de provision fiscale.

Les déductions et les crédits d'impôt : les frais et dépenses liés à des revenus non imposables sont déductibles. Les entreprises sont donc encouragées à séparer leurs coûts et dépenses générant un revenu imposable des autres. Les amortissements peuvent être déduits (y compris le goodwill lorsque la partie cédante le déclare comme revenu). Les frais d'établissement sont également déductibles, par le biais d'un amortissement sur cinq ans.

Les créances douteuses ainsi que les taxes nationales et municipales sur toute activité imposable sont déductibles. Les amendes ne sont pas déductibles alors que la déduction pour dons à des organismes de bienfaisance est limitée à 1% du revenu imposable. Comme l'impôt est territorial au Panama, il n'y a pas de crédit d'impôt unilatéral pour les impôts payés à l'étranger.

Le calcul de la base imposable est différent pour les sociétés dont le revenu imposable est supérieur à 1,5 million d'USD. Ces sociétés peuvent être soumises au taux normal de l'impôt sur les sociétés ou payer 4,67 % du revenu brut imposable à titre d'impôt minimum de remplacement. De nombreuses exonérations fiscales sont accordées aux entreprises investissant dans la zone économique spéciale Panama-

Pacifique et aux entreprises manufacturières (sous la forme d'une exonération de TVA pour les importations).

Les pertes fiscales jusqu'à 20% par an peuvent être reportées sur cinq ans. Les pertes ne peuvent excéder 50% du revenu imposable au cours d'une année d'imposition. Le report rétrospectif de pertes n'est pas autorisé.

Les autres taxes sur les sociétés : les employeurs versent des cotisations de sécurité sociale égales à 12,25% de la rémunération totale de l'employé et sont tenus de payer une taxe d'assurance pour les études (1,5% du salaire). Les primes d'assurance accident du travail sont également payables par l'employeur à des taux variant de 0,56% à 5,67% selon le risque associé à la profession de l'employé.

La taxe foncière varie entre 0% et 1% pour l'immobilier commercial ou industriel et les terrains. Un droit de mutation de 2% du prix d'achat ou de la valeur cadastrale (la valeur la plus élevée étant retenue) est perçu sur les ventes de biens immobiliers. Les droits de timbre varient généralement entre 0,10 PAB et 100 PAB et s'appliquent à certains contrats commerciaux.

Les sociétés qui n'ont pas déclaré leurs dividendes sont soumises à un impôt sur les bénéfices non distribués compris entre 10% et 40% de leur bénéfice après impôts (2% pour les sociétés des zones franches). Toutes les sociétés sont également soumises à un impôt de franchise de 300 USD par an et à une taxe de préavis d'exploitation (2% du capital de la société, montant minimum de 100 USD et maximum de 60 000 USD par an).

Les municipalités se réservent le droit de prélever des impôts au niveau local, généralement entre 10 et 2 000 USD par mois.

8 - Samoa

Samoa est un pays insulaire polynésien situé dans les îles Samoa occidentales, dans le Pacifique Sud. Il se compose de 9 îles et est largement connu comme l'un des plus beaux pays insulaires de l'océan Pacifique.

Le Samoa offre un système fiscal avantageux, en particulier pour les entreprises internationales. Combiné à de nombreuses incitations commerciales attrayantes, le pays insulaire est l'un des meilleurs endroits pour former une société offshore.
Pour les entreprises locales opérant au Samoa, le taux de l'impôt sur le revenu est de 27%. Cependant, les entreprises étrangères qui y font des affaires sont exonérées de tout impôt sur le revenu.

En outre, de nombreux autres impôts et redevances locaux sont également supprimés pour les investisseurs étrangers, à savoir l'impôt sur les plus-values, les droits de timbre, les dividendes, les bénéfices ou les intérêts en dehors du Samoa.
La politique fiscale du Samoa est conçue pour aider les entreprises internationales à faire de leur mieux avec de faibles coûts d'exploitation. En outre, le gouvernement samoan soutient également les investisseurs étrangers avec une variété d'incitations et d'avantages commerciaux. Les avantages qu'il offre comprennent :

- Aucune obligation de rapport annuel, de comptabilité ou d'audit financier
- Aucun capital requis lors de la création de l'entreprise
- Les frais gouvernementaux pour les opérations commerciales sont relativement bas
- Aucun contrôle de change sur aucune devise
- Législation solide en matière de protection des actifs
- Stabilité politique, économique et sociale complète

9 - Les Seychelles

La situation géographique du pays, son économie et même son histoire font des Seychelles un vrai paradis fiscal :l'impôt sur société offshore aux Seychelles est 0%. Ces îles, regroupées dans l'Océan Indien, abritent plus de 80 000 habitants. L'île la plus importante des Seychelles est Mahé.

Elle rassemble plusieurs cultures. Membre du Commonwealth britannique, elle est aujourd'hui un pays indépendant.

l'International Business Company (IBC) est la forme sociétaire la plus présente. Elle présente l'avantage de n'imposer aucune contrainte sur la nationalité des dirigeants et sur le capital minimum à libérer lors de la création de la société offshore et de ne pas payer d'impôt sur les sociétés.

Cette IBC ne peut exercer une activité commerciale aux Seychelles, ni de posséder des biens immobiliers. Il est également prohibé de conduire des affaires sur le territoire des Seychelles. Il est cependant possible pour l'IBC de détenir des actions de société offshore aux Seychelles ou d'y immatriculer un yacht.

Les juridictions renommées, telles que les Iles Vierges Britanniques (BVI), trouvent aujourd'hui de sérieux concurrents. En effet, les Seychelles ont établi une loi permettant aux IBC, aux trusts internationaux et aux entreprises de bénéficier d'un régime fiscal favorable et de s'enregistrer sur leur territoire.

Une loi récemment adoptée permet même à ces sociétés de bénéficier de licences bancaires, de créer des sociétés d'assurance offshore, d'administrer un capital collectif et des fonds mobiliers.

Les Seychelles encouragent les entrepreneurs étrangers à investir sur leur territoire en leur permettant de profiter d'une législation complète et attractive pour les activités offshore : Fonds mutuels, activités bancaires ou d'assurance offshore, permission pour la création de société offshore aux Seychelles

Les Seychelles comptent 6 banques commerciales. Cependant, seules deux de ces banques sont ouvertes aux pratiques de la banque offshore.

10 - Vanuatu

Les conditions de paiement de l'impôt ici sont les mêmes pour les résidents et les non-résidents. Les entreprises enregistrées dans ce pays paradisiaque ne doivent payer qu'une cotisation annuelle de 300 $. Il doit être payé avant le 30 juin.

Au Vanuatu, vous pouvez non seulement enregistrer une entreprise, mais aussi en acheter une toute faite. Le coût sera de 0%. Cette fiscalité du Vanuatu attire beaucoup d'hommes d'affaires d'Europe, entre autres, malgré le fait que le pays soit situé à l'autre bout du monde. Des entrepreneurs d'envergure internationale viennent ici. Après tout, l'État vous permet de gagner beaucoup d'argent. Enregistrer une entreprise au Vanuatu est assez simple.

Les entreprises peuvent stocker et déplacer leurs propres fonds dans l'État insulaire dans l'une des devises existantes. La tenue de registres par les propriétaires d'entreprises est encouragée, mais il n'est pas nécessaire de soumettre un rapport aux autorités compétentes.

Au Vanuatu, les autorités ont restreint l'accès du public aux informations sur les finances des sociétés enregistrées. Ils ne peuvent l'ouvrir que dans des cas particuliers, par exemple, si une entreprise est soupçonnée d'avoir effectué des transactions illégales. Quelques points de repère en matière de fiscalité :

- La TVA pour l'enregistrement de la société est de 12,5% ;

- transactions immobilières 5%;
- droit de timbre 2%;
- impôt sur le revenu des personnes physiques 0%.

Il n'y a pas de double imposition dans le pays. Il n'y a pas d'impôt sur la fortune, d'impôt sur les gains en capital ou d'autres impôts sur le revenu des particuliers.
Il n'y a pas de frais de succession ni même d'impôt sur l'exportation de capitaux. Le système bancaire du pays garantit la confidentialité des informations financières. Les autorités de Vanuatu n'exercent pas de pression indue, à l'instar de celle qui est appliquée dans certains pays aux zones offshore.

L'exit fiscal tout en restant en France

Jusqu'à quel point peut-on optimiser la fiscalité de son entreprise tout en restant en France ?

Il existe différents degrés d'optimisation. Les plus simples consistent à utiliser des niches fiscales. Les plus complexes consistent à utiliser des techniques d'évasion fiscale depuis la France.

Contrairement à la fraude fiscale, il est tout à fait légal de pratiquer l'évasion fiscale depuis la France. Il existe même de nombreuses méthodes pour y parvenir.

1 – Créer une filiale de sous-traitance à l'étranger

Une filiale est une entreprise créée et détenue par une autre société. Beaucoup pensent que la création d'une filiale à l'étranger est réservée aux grands groupes. Mais peu d'entrepreneurs savent qu'ils peuvent réduire leurs impôts de 50 % en utilisant ce type de montage.

L'idée est la suivante : au lieu d'embaucher un salarié Français, vous embauchez un salarié à l'étranger et vous lui sous-traitez une partie de votre travail.

Admettons que vous soyez architecte et que votre cabinet grossisse. Vous voudriez embaucher trois personnes. Vous avez deux options :

Option A: embaucher en France et continuer normalement votre activité.
Option B: embaucher en Roumanie, pays qui compte un grand nombre de francophones, et faire réaliser l'ensemble des taches préparatoires et les brouillons de plans de construction dans ce pays.

Le coût moyen de l'embauche en France est de 2 200 € net et de 3 800 € brut par mois et par personne en comptant les charges patronales et salariales. En Roumanie le coût moyen de l'embauche est de 1 087 € par mois tout compris.

L'impôt sur les sociétés est de 16 % en Roumanie, en France l'impôt est de 15% jusqu'à 42 500 € puis de 25%.

En y réfléchissant bien, il est souvent possible de restructurer les fonctions de son entreprise et d'en délocaliser une partie. En général, ce type de montage permet de diviser ses impôts par 2 quelle que soit la configuration retenue. Il s'agit donc d'une excellente technique d'optimisation fiscale de l'entreprise.

2 – Créer une succursale étrangère et lui transférer des fonctions

Ce montage ressemble au montage précédent. Une succursale correspond à un mode d'implantation qui consiste à exercer des activités sur un territoire étranger, mais sans créer de société étrangère.

L'article 209-I du code général des impôts énonce que l'impôt sur les sociétés est calculé « en tenant compte uniquement des bénéfices réalisés dans les entreprises exploitées en France ». Lorsqu'une succursale est créée à l'étranger, celle-ci s'analyse comme une entreprise exploitée à l'étranger.

Par ailleurs, les conventions de non-double imposition attribuent en général le droit d'imposer aux états dans lesquels sont situées les succursales. Lorsque des fonctions sont exécutées à l'étranger par des salariés ou des gérants même à mi-temps, le chiffre d'affaire généré depuis l'étranger est taxé à l'étranger proportionnellement à la valeur créée depuis l'étranger.

Cette technique permet donc d'échapper à la majorité des impôts dûs en France. Comme la succursale n'a pas la personnalité morale, les bénéfices réalisés à l'étranger sont ensuite rapatriés en France sans impôts ni retenue supplémentaires et ne sont pas taxés en France.

Dans certains cas il existe des limitations notamment lorsque ce montage est pratiqué avec des états dits à " fiscalité privilégiée " ou des territoires non-coopératifs. Ce montage reste cependant intéressant dans une optique d'optimisation fiscale de l'entreprise.

3 – Éviter les cotisations sociales Françaises en étant salarié de sa propre entreprise frontalière

La Cour de justice de l'Union européenne a qualifié les prélèvements affectés au budget de la sécurité sociale de « prélèvements sociaux » au sens du règlement n° 883/2004. Antérieurement, la France qualifiait ces prélèvements « d'imposition de toute nature. »

Ce changement de qualification peut sembler anecdotique, mais pour un fiscaliste, ce changement est intéressant dans une optique d'optimisation. En effet, l'article 11 paragraphe 1 du règlement n°883/2004 énonce qu'il n'est possible d'être assujetti à la législation sociale que d'un seul Etat à la fois. Le Conseil d'Etat a confirmé cette position dans l'affaire n°422780 du 1er juillet 2019.

En étant salarié de sa propre entreprise étrangère, il devient possible de développer une activité secondaire sous la forme d'une micro entreprise en France soumise à des cotisations sociales réduites et seul l'impôt sur le revenu serait dû.

4 – Créer une holding au Luxembourg

Cette technique est utilisée par les géants du numérique. Elle consiste à placer le siège de la société au Luxembourg afin de bénéficier d'une TVA de 15 % sur l'ensemble des ventes. Plusieurs entreprises ont créé des sociétés offshores au Luxembourg parmi lesquelles Amazon, Apple, eBay, ou Netflix.

Dans une décision du Conseil d'État, il a été jugé qu'il était légal d'implanter sa holding au Luxembourg. La seule condition est que celle-ci ait un minimum de substance. En plus d'être à moins de deux heures d'avion des principales capitales européennes, le Grand Duché du Luxembourg offre de nombreux avantages économiques et fiscaux aux entreprises qui s'y implantent.

5 - Placer son siège européen en Irlande

Presque toutes les entreprises du secteur numérique ont placé leur siège européen en Irlande. Les autres ont opté pour la création d'une filiale en Irlande.

Le pays est favorable aux affaires grâce à ses prédispositions naturelles (utilisation de l'euro, population anglophone, fiscalité clémente).

L'impôt sur les sociétés en Irlande est de 12,5 % contre 25% en France. Google et

Facebook ont d'ailleurs leurs sièges à Dublin.

6 - Transférer des fonds en utilisant le « double irlandais » et le « sandwich néerlandais »

Ces noms désignent deux techniques redoutables de transfert de chiffre d'affaires appliquées par tous les grands groupes du numérique.

Elles consistent à utiliser deux sociétés irlandaises, l'une dans un paradis fiscal et une autre sur le sol irlandais, pour faire passer la majorité du chiffre d'affaires réalisé en dessous de l'impôt. Ces techniques se servent du manque de taxe sur certains transferts en créant une troisième filiale au Luxembourg ou aux Pays-Bas.

Les politiques gouvernementales de lutte contre l'exit fiscal

Dès 1989, à l'initiative du G7, le GAFI (Groupe d'action financière) a été créé afin de lutter contre le blanchiment d'argent et le financement du terrorisme. Le GAFI vise à créer des normes non impératives, qui constituent des lignes de conduite que les gouvernements doivent suivre afin de promouvoir la lutte contre le blanchiment de capitaux. Ces normes sont regroupées sous la forme de 40 recommandations.

Aujourd'hui, la transparence fiscale entre États continue à être de mise : des échanges ont lieu entre les différents pays pour s'assurer que l'assiette de l'impôt est correctement établie. Il en est ainsi de la directive ATAD (anti tax avoidance directive, directive de lutte contre les pratiques d'évasion fiscale) qui date de janvier 2016. Elle vise à mettre fin aux schémas d'évasion fiscale et s'attaque pêle-mêle à la déduction fiscale des charges financières nettes, à l'exit tax sur les transferts d'actifs d'un pays à un autre, aux instruments hybrides, aux sociétés étrangères contrôlées ou aux montages considérés comme abusifs.

Au niveau de l'OCDE, le projet BEPS(base erosion and profit shifting, érosion de la base d'imposition et transfert de bénéfices) consiste en 15 actions qui ont pour objectif d'équiper les gouvernements d'instruments nationaux et internationaux pour lutter contre l'évasion fiscale en s'assurant que les profits soient taxés à l'endroit même où sont ceux-ci sont générés. Il est notamment question de solutionner les problèmes posés par l'économie numérique, de neutraliser les effets des dispositifs hybrides, de limiter l'érosion de la base d'imposition faisant intervenir les déductions d'intérêts et d'autres frais financiers, de lutter plus efficacement contre les pratiques fiscales dommageables via notamment l'échange de renseignements, d'empêcher l'utilisation abusive des conventions fiscales, d'aligner les prix de transfert calculés sur la création de valeur, etc.

En France, faute d'accord européen, notre pays a adopté, le 11 juillet 2019, sa propre taxe sur les services numériques. Celle-ci se base - comme la proposition européenne initiale - sur l'idée que l'activité de l'utilisateur crée la valeur pour l'entreprise.

La taxe française s'applique à deux types de services numériques : les interfaces numériques (ou services d'intermédiation) d'une part, qui permettent à un utilisateur localisé en France d'entrer en contact avec d'autres utilisateurs en vue de la livraison de biens ou de la fourniture de services et la vente de services publicitaires ciblés par une plateforme d'autre part, qui s'appuie sur les données récoltées lorsque des utilisateurs la visitent.

Les entreprises concernées sont celles dont le chiffre d'affaire annuel obtenu pour ces services est supérieur à 750 millions d'euros à l'échelle mondiale et 25 millions d'euros à l'échelle de la France. Le montant de la taxe est calculé en appliquant un taux de 3 % sur ce chiffre d'affaires réalisé en France.

Le projet a fait l'objet d'un rare consensus au sein de la classe politique française, bien qu'il ne s'agisse pour certains que d'un petit pas dans la lutte contre l'évasion fiscale. La taxe a rapporté 800 millions d'euros aux caisses de l'Etat en 2024.

Au niveau de l'Europe, un projet de généralisation de cette taxe sur les entreprises numériques, à élaborer par la Commission européenne devrait être mise en place en 2025.

L'évasion fiscale des grandes entreprises du numérique ne préoccupe pas que les Européens. L'Organisation de coopération et de développement économiques (OCDE) mène plusieurs batailles contre l'érosion de la base fiscale des Etats (projet BEPS) depuis le début des années 2010. Sous son égide et celle du G20, 137 Etats ont signé un accord visant à mettre en place l'impôt mondial sur les multinationales.

Celui-ci contient deux piliers. Le premier doit permettre un meilleur partage de l'impôt des 100 multinationales les plus rentables, non plus en fonction de leur seule présence physique dans un pays mais des activités - et des bénéfices - qu'elles y réalisent. Sont visés non seulement les géants du numérique mais aussi les grandes entreprises d'autres secteurs. Le second oblige les sociétés des Etats signataires à payer un impôt minimal de 15 % quelle que soit la localisation de leurs filiales.

CHAPITRE 8

L'optimisation en matière de cession et de transmission d'entreprise

Les chefs d'entreprises se lancent dans une aventure humaine passionnante exigeant un investissement fort, tant au niveau de leur personne, de leur famille, que de leur univers financier et patrimonial.

Le temps arrive un jour de passer la main. Cela peut-être un nouveau projet de vie, un changement de trajectoire vers une nouvelle activité ou la prise de la retraite.

A ce moment précis interviennent plusieurs questionnements légitimes :
comment la vente ou la donation de l'entreprise va-t-elle impacter le patrimoine et que va-t-elle coûter en impôts et taxes ? Quelle valeur d'actifs et de revenus seront disponibles après la transmission ?

La solution la plus évidente, qui consisterait à vendre directement son entreprise puis à donner le produit de vente à ses enfants, entraînerait une double imposition : d'abord sur la plus-value, puis sur la donation. Évidemment, cette façon de procéder n'est pas optimisée, et l'objectif est bien d'utiliser les stratégies patrimoniales appropriées afin de réduire l'imposition, dans le respect des contraintes et limites réglementaires.

Dans ce contexte, des régimes fiscaux spécifiques permettent de réduire fiscalement le coût de la transmission d'entreprise, que ce soit par le biais d'un cession que d'une donation. La mise en société est également une technique à étudier.

Comment optimiser la transmission à titre onéreux (cession) d'une entreprise ?

Avant de rechercher tout allègement fiscal, encore faut-il connaître le principe général d'imposition de la cession.

imposition de la cession d'une entreprise individuelle

La cession de l'entreprise est imposable au titre des plus-values réalisées sur chaque élément d'actif de son bilan.

Cette méthode d'imposition concerne l'entreprise dite individuelle, c'est-à-dire exercée en nom propre par la personne physique sans recours à une société. Ce principe d'imposition s'applique également aux sociétés dites de personnes imposables à l'impôt sur le revenu (au sens de l'article 8 et 8 TER du CGI, Code Général des Impôts).

Ces entreprises et sociétés génèrent des revenus dans la catégorie des BIC (Bénéfices Industriels et Commerciaux), BNC (Bénéfices Non Commerciaux) ou BA (Bénéfices Agricoles).

Les bénéfices réalisés de l'exercice en cours et non encore imposés le sont immédiatement lors de la transmission. La plus-value est calculée pour chaque actif du bilan et imposée différemment selon la durée de détention. Pour les détentions depuis plus de 2 ans, on distingue :

- une partie de plus-value dite à long terme égale à la différence entre le prix de cession de cet actif et sa valeur nette comptable ou VNC. La VNC correspond au prix d'acquisition réduit du total du montant des amortissements pratiqués sur le bien. Cette plus-value à long terme est imposée au taux fixe de 12,8 % au titre de l'impôt sur le revenu (IR) ainsi qu'aux prélèvement sociaux au taux de 17,2 %, soit au taux global du prélèvement forfaitaire unique (PFU) de 30 %.

- une partie de plus-value à court terme correspondant au total des amortissements pratiqués sur le bien. La plus-value à court terme entre dans le résultat annuel de l'entreprise et donc dans la base imposable au barème progressif de l'impôt sur le revenu. Elle est alors fiscalisée au taux de tranche marginale (TMI) du foyer fiscal. La plus-value est également taxée à hauteur de 17,2 % au titre des prélèvements sociaux sur les revenus du patrimoine.

L'entreprise individuelle (EI) peut étaler l'imposition sur 3 ans à parts égales (sur l'année de réalisation et les 2 années suivantes).

Pour les détentions depuis moins de 2 ans : la plus-value est considérée intégralement comme étant de court terme et entre, comme les bénéfices de l'année, dans la base imposable à l'IR. Elle subit également les cotisations sociales. L'imposition de la plus-value à court terme peut faire l'objet d'un étalement sur 3 ans

Quatre régimes fiscaux permettent de réduire le coût de la cession d'entreprise. Ces régimes sont réservés aux entreprises individuelles et aux sociétés de personnes, au sens des articles 8 et 8 TER du CGI.

l'exonération partielle ou totale des plus-values selon le chiffre d'affaires (article 151 septies du code général des impôts – cgi -)

Ce régime est fonction du chiffre d'affaires. Il permet d'exonérer totalement ou partiellement la plus-value de cession d'un actif professionnel, qu'il s'agisse de plus-value à court terme ou à long terme. L'exonération porte sur l'impôt sur le revenu (IR) ainsi que sur les prélèvements sociaux (CSG, CRDS, PS).

Le bien doit être inscrit à l'actif du bilan. Il peut s'agir d'un bien immobilier s'il est nécessaire à l'exploitation mais les terrains à bâtir ne sont pas éligibles.
L'activité de l'entreprise doit être commerciale, industrielle, artisanale, libérale et agricole et avoir été exercée depuis au moins 5 ans à la date de la cession.

L'exonération est alors fonction du chiffre d'affaires hors taxe (CA HT) moyen des exercices clos au cours des deux dernières années civiles. Il y a lieu de distinguer deux typologies d'activités :

Les activités de prestations de services :
- CA inférieur à 90.000 € : exonération totale
- CA compris entre 90 000 € et 126 000€ : exonération partielle calculée de la manière suivante : ((126.000-CA HT)/36.000) x plus-value

Les activités de négoce :
- CA inférieur à 250.000 € : exonération totale
- CA compris entre 250 000€ et 350 000€ : exonération partielle calculée de la manière suivante : ((350.000-CA HT)/100.000) x plus-value

L'exonération n'est pas cumulable avec le régime d'exonération en fonction du prix de cession mais peut être cumulée avec l'exonération des plus-values réalisées lors du départ à la retraite.

Exemple :

Madame LAGARDE, coiffeuse, décide de céder son salon, qu'elle a créé il y a 15 ans, la valeur de la plus-value de cession est de 250.000 €, le CA HT moyen sur les deux derniers exercices est de 100.000 €.

Elle est donc éligible au dispositif en question mais d'une manière partielle.
La part exonérée est alors de :
((126.000 – 100.000 (CA HT))/ 36.000) x 250.000 = 180.555 €

La plus-value taxable est de : 250.000 – 180.555 = 69.445 € au lieu de 250.000 €, soit une exonération de 72 % (180.555 / 250.000).
L'exonération concerne également les entrepreneurs ayant des activités mixtes. Dans cette situation, l'exonération est totale si le CA HT global est inférieur à 250.000 € et si le CA HT des prestations de services n'excède pas 90.000 €. Pour l'exonération partielle, il est nécessaire de calculer les fractions d'exonération si l'ensemble de l'activité était du négoce et si le total des activités était des prestations de service. C'est l'exonération la moins élevée qui s'applique sur la plus-value.

l'exonération partielle ou totale des plus-values selon la valeur de l'élément cédé (cgi art. 238 quindecies)

Ce dispositif d'exonération est fonction de la valeur des éléments cédés. Il s'applique en cas de transmission de la totalité de l'entreprise individuelle ou d'une branche complète d'activité (ensemble des éléments d'actifs et de passifs permettant l'exploitation autonome de l'activité). En cas de cession d'une société, l'associé doit y exercer son activité et vendre toutes ses parts.

Le bénéfice de l'exonération était exclu lorsque la cession d'un fonds de commerce donné en location-gérance au moment de la cession était effectuée au profit d'un tiers. Or, la fragilité de la situation financière du locataire-gérant peut empêcher la reprise de l'entreprise dans des conditions favorables et conduire le cédant à différer la cession ou à y renoncer. Ces situations, plus fréquentes dans le contexte actuel lié aux conséquences de la pandémie de Covid-19, nuisent à la reprise et donc à la poursuite de l'activité des entreprises concernées.

Par conséquent, depuis 2022 la loi prévoit que l'exonération est possible en cas de cession d'une activité mise en location-gérance à toute autre personne que le locataire-gérant, dans le cas où ce dernier ne reprendrait pas l'activité, sous réserve que la transmission du fonds soit assortie de la cession de l'intégralité des éléments concourant à l'exploitation de l'activité qui a fait l'objet du contrat de location-gérance.

L'exonération n'est pas applicable sur les biens immobiliers bâtis ou non bâtis. Seules les parts de sociétés composées principalement de biens immobiliers affectés à l'exploitation sont éligibles.

Cette transmission doit être réalisée en faveur d'un tiers dont le cédant ne peut avoir le contrôle (en capital ou par une fonction de direction) au jour de l'opération et les 3 années suivantes.

L'activité doit être exercée depuis au moins 5 ans et de nature commerciale, industrielle, artisanale, agricole ou libérale.

L'exonération porte sur l'IR ainsi que sur les prélèvements sociaux.

Si la valeur de la cession est inférieure à 500.000 €, l'exonération est totale.

Si la cession est comprise entre 500.000 € et 1.000.000 €, l'exonération est partielle et se calcule de la manière suivante :

((1.000.000 € – montant de la cession) / 500.000) x plus-value

Pour l'appréciation de ces seuils, il est tenu compte du prix stipulé des éléments de l'activité donnée en location ou de leur valeur vénale, auxquels sont ajoutées les charges en capital et les indemnités stipulées au profit du cédant, à quelque titre et pour quelque cause que ce soit.

Exemple :

Une entreprise individuelle est cédée pour un prix de 1 300 000 €. Parmi les éléments transmis figure un immeuble dont le prix de cession est de 620 000 €. Déduction faite de ce montant, la transmission envisagée est donc égale à 680 000 €.

La plus-value réalisée lors de la cession s'élève à 110 000 €.

Le montant exonéré de la plus-value est égal à : 110 000 x (1 000 000 – 680 000) / 500 000 = 70 400 €.

La plus-value sera donc imposée à hauteur de 110 000 - 70 400 = 39 600 €.

l'exonération de plus-values de cessions d'un élément d'actif immobilier (cgi art. 151 septies b)

Ce régime rappelle le principe d'imposition des plus-values immobilières des particuliers. Il permet d'appliquer un abattement pour durée de détention sur la plus-value de cession d'un bien immobilier détenu par l'entreprise.

Ce bien doit être inscrit à l'actif du bilan et affecté à l'exploitation. Il ne peut s'agir d'un terrain à bâtir.

Attention : ce dispositif ne concerne que la partie plus-value à long terme de cession du bien.

Cette plus-value bénéficie d'un abattement de 10% par an, à partir de la 5ème année. L'exonération totale est donc possible après 15 ans.

Ce régime concerne l'IR et les prélèvements sociaux.

Exemple :

Le salon de coiffure de Madame LAGARDE est détenu depuis 12 ans, sa valeur est de 400.000€. Partons du principe que la plus-value à long-terme est de 200.000€.
Le montant de la plus-value exonérée est de :
200 000€ (Montant de la PV) X 7 années exonérées X 10% = 140 000€
La plus-value à long terme imposable est de 60.000 € soit une imposition au PFU de 30 % (PS inclus) de 18.000 € au lieu de 60.000 € (200.000 x 30 %).

l'exonération de la plus-value de cession du chef d'entreprise partant à la retraite (cgi art. 150 0 D ter)

Ce régime a pour but de favoriser la transmission de l'activité lors du départ à la retraite du chef d'entreprise.

Ce dernier doit avoir exercé l'activité à titre professionnel (commerciale, industrielle, artisanale, libérale, agricole) depuis au moins 5 ans.
L'entreprise doit satisfaire des conditions de taille :
- moins de 250 salariés
- un total de CA HT inférieur à 50 M (Millions) €
- un total de bilan inférieur à 43 M €

L'entrepreneur doit vendre à un tiers, cesser toute fonction dans l'entreprise et ne pas contrôler la structure de l'acquéreur (en capital ou fonction de direction au jour de la cession et dans les 3 années suivantes).

Le cédant doit faire valoir ses droits à la retraite dans les 24 mois suivant ou précédant la cession. Or les entrepreneurs qui ont atteint l'âge de la retraite au cours des années 2019, 2020 ou 2021 peuvent avoir rencontré, du fait du contexte économique et sanitaire, des difficultés pour trouver un repreneur dans le délai de 2 ans prévu par la loi.

Le loi prévoit donc un allongement temporaire de 24 à 36 mois du délai entre le départ à la retraite et la cession dans le cadre de ce dispositif. Cette mesure a vocation à s'appliquer aux entrepreneurs ayant fait valoir leurs droits à la retraite entre le 1er janvier 2019 et le 31 décembre 2021.

En cas de cession d'une activité mise en location-gérance, l'exonération est possible même si la transmission est réalisée en faveur d'une autre personne que le locataire.

L'exonération ne s'applique qu'à l'impôt sur le revenu, les prélèvements sociaux restent exigibles. Les biens immobiliers ne sont pas éligibles sauf l'immobilier d'exploitation.

Une entreprise individuelle (EI) qui a opté pour l'assimilation à l'EURL relève du régime de l'impôt sur les sociétés (IS).

Dès lors, il n'y a plus de distinction entre les plus-values à court terme et à long terme. La plus-value est soumise à l'IS, au taux normal de 25 %.

La transmission à titre gratuit (donation, succession) de l'entreprise individuelle

La cession d'entreprise à titre onéreux est une des options possibles pour transmettre l'activité.

Pour des raisons personnelles, financières, d'ordre divers, certains chefs d'entreprise souhaitent en garder la possession au sein de leur famille. Certaines activités ont généré de tels développement et une telle implication, qu'il est contre nature pour l'entrepreneur de céder à un tiers non connu.

les dispositifs optimisant l'imposition sur la plus-value

Lors d'une transmission à titre gratuit telle une donation, les plus-values latentes sur les actifs de l'entreprise individuelle ou de la société à l'IR deviennent imposables comme s'il s'agissait d'une cession.

Pour en réduire l'impact, il est possible de bénéficier des régimes d'exonération que nous avons vus : article 151 septies du CGI (fonction du chiffre d'affaire), 238 quindecies (fonction du montant cédé) et 151 septies B (portant sur des biens immobiliers).

Deux autres régimes spécifiques (CGI Art. 41 pour l'entreprise individuelle, CGI Art. 151 nonies II pour les sociétés à l'IR) permettent de reporter l'imposition des plus-values latentes et même de les exonérer si le donataire (nécessairement une personne physique) conserve l'entreprise pendant plus de 5 ans. Ces dispositifs permettent d'exonérer totalement ou partiellement la plus-value imposable. Ils n'ont cependant aucun effet sur les droits de donation ou de succession dont le montant peut être significatif.

Par ailleurs, les donations peuvent bénéficier d'un abattement de 50% sur les droits de donation si ces biens sont transmis en pleine propriété et que le donateur est âgé de moins de 70 ans.

Un régime spécifique aux transmissions à titre gratuit : le pacte Dutreil (cgi art. 787 c , art. 787 b)

Les droits de mutation représentent une très lourde part de la fiscalité des donations ou succession d'entreprise.

Afin de favoriser ces transmissions, le législateur a mis en place un régime privilégié dit Pacte Dutreil, permettant une totale exonération des droits de mutation à titres gratuit ou une très forte réduction.

Ces mesures en vigueur depuis 2003 concernent l'ensemble des possibilités de transmission à titre gratuit, qu'il s'agisse de succession ou de donation en pleine propriété, ou en nue-propriété.

Ce que disent les articles 787 C du CGI (entreprise individuelle) et 787 B (sociétés)

Les entreprises individuelles ou les sociétés ayant une activité commerciale, artisanale, agricole, libérale ou industrielle bénéficient sous certaines conditions d'une exonération de droits sur 75 % de leur valeur, en cas de transmission à titre gratuit. La transmission d'une entreprise valant 1.000.000 € par exemple est imposable sur une base réduite à 250.000 €.

Les prérequis sont les suivants :
- L'entreprise individuelle est détenue depuis au moins deux ans par le donateur ou le défunt si elle a été acquise à titre onéreux. Aucune durée de détention n'est

- nécessaire en cas de création ou d'acquisition par transmission à titre gratuit.
- Pour les sociétés, un engagement dit « engagement collectif de conservation » (ECC) doit être signé entre associés pour eux-mêmes et leurs ayants-droit. Cet ECC doit porter sur au minimum 17 % des droits financiers et 34 % des droits de vote. Depuis le 01/01/2019, cet engagement peut être souscrit par un seul associé. L'ECC doit avoir une durée minimale de 2 ans et être en cours au jour de la transmission. S'il n'a pas été signé, l'engagement peut être réputé acquis si le donateur ou défunt a détenu les seuils de détention en capital, seul ou avec son conjoint ou partenaire pacsé, pendant au moins 2 ans. Le donateur, le défunt, ou son conjoint ou son partenaire pacsé doivent exercer leur activité professionnelle principale dans la société depuis au moins 2 ans.
- Chacun des héritiers, légataires ou donataires souhaitant bénéficier du dispositif doit conserver l'entreprise (c'est-à-dire les biens affectés à l'exploitation) pendant une durée minimale de 4 ans à compter de la transmission. Dans le cas d'une société, les bénéficiaires doivent prendre un engagement individuel de conservation (EIC) pendant une durée minimale de 4 ans à compter de la fin de l'ECC.
- L'un des gratifiés doit poursuivre l'exploitation de l'entreprise pendant 3 ans à partir de la date de la transmission. Pour les sociétés, l'un des signataires de l'ECC ou l'un des héritiers ou donataires doit exercer une fonction de direction pendant la durée de l'ECC et durant 3 ans à compter de la transmission.

Il est possible de cumuler la décote de 75 % de l'avantage Dutreil avec :
- Les abattements des transmissions à titre gratuit applicables en fonction du degré de parenté (100.000 € en ligne directe).
- La réduction de droits de 50 % si le donateur a moins de 70 ans applicable aux transmissions d'entreprise en pleine propriété uniquement (CGI art. 790). Il peut néanmoins être opportun d'user du démembrement et de transmettre la seule nue-propriété pour bénéficier d'une base imposable plus faible (fonction de l'âge de l'usufruitier selon le barème de l'article 669 du CGI).

Le type de transmission, pleine propriété ou nue-propriété, dépend également des besoins du chef d'entreprise en revenus futurs et de ses souhaits de conserver un pouvoir au sein de la structure.

Enfin, les droits de mutation peuvent être supportés par le donataire ou le donateur. La transmission d'entreprise peut également bénéficier d'un paiement fractionné ou différé des droits de mutation.

Effectuer une donation de l'entreprise

Dans le cadre d'une transmission de patrimoine, la donation d'une partie du capital vendu est une pratique courante lors de la vente d'une entreprise. Or, pour éviter d'avoir à payer la taxation sur la plus-value après la revente, une autre pratique peut être envisagée. En effet, en faisant acte de donation des titres d'entreprise à ses enfants, aucune imposition ne sera prélevée sur la plus-value de celle-ci. La taxe fiscale de la plus-value d'entreprise s'applique uniquement sur la vente et non sur un acte gratuit de cession de société. Les enfants héritant des parts de l'entreprise pourront les revendre sans aucune plus-value. Pour conserver cet abattement fiscal sur la plus-value d'entreprise, les enfants devront vendre la société au même prix que celui indiqué sur l'acte de donation.

Transmission à titre gratuit de l'entreprise individuelle à un salarié (cgi art. 790 a)

Faute de repreneur familial ou parce qu'il le juge plus opportun, l'entrepreneur peut décider de transmettre à un de ses salariés.

Dans ce cas, la valeur du fonds de commerce ou de la clientèle bénéficie d'un abattement spécial de 300.000 €.

Les conditions sont les suivantes :

- L'activité doit être industrielle, commerciale, artisanale, libérale ou agricole
- Le fonds de commerce doit être détenu depuis plus de 2 ans s'il a été acquis à titre onéreux (pas de délai si acquisition à titre gratuit).
- Le donataire est en possession d'un contrat de travail à durée indéterminée ou d'un contrat d'apprentissage depuis plus de deux ans
- L'activité doit être poursuivie pendant au moins 5 ans et une fonction de direction doit y être exercée
- Seule la valeur du fonds de commerce est soumise à exonération
- L'abattement est applicable une seule fois et son reliquat éventuel n'est pas utilisable
- L'exonération ne concerne que les donations, pas les successions
- L'abattement est cumulable sous conditions avec le régime Dutreil

La mise en société de l'entreprise individuelle avant sa transmission

Lorsque l'entreprise se développe, il peut être intéressant voire nécessaire d'adopter un statut de société. La forme sociétaire permet de lever des capitaux, intégrer de nouveaux associés, limiter la responsabilité sociale selon le type de société.

Par ailleurs, avoir une société permet d'opter pour le régime de l'IS. Sans aborder la question de l'imposition des bénéfices et de la rémunération de l'entrepreneur, le régime de l'IS peut être opportun pour optimiser fiscalement la transmission de l'activité.

En cas de cession, les parts ou actions de sociétés relèvent du régime des plus-values de cession de valeurs mobilières (CGI Art. 150-0 A et suivants) sous réserve de l'exonération partielle ou totale prévue à l'article 238 quindecies du cgi et détaillée plus haut (exonération qui vise les entreprises individuelles à l'IR et les sociétés à l'IS, sous conditions).

Ce régime peut être, selon la situation de l'entreprise, plus favorable que celui des plus-values professionnelles de l'entreprise individuelle ou des sociétés à l'IR.

En effet si l'activité est exercée à l'IR, le montant cumulé des amortissements ou la plus-value des actifs détenus depuis moins de 2 ans sont nécessairement imposables au barème de l'IR qui peut vite atteindre le taux de 45 % et le taux global de 62,2 %, en tenant compte des prélèvements sociaux de 17,2 % sur la plus-value à long terme.

La fiscalité en cas de cession de titres

On se situe dans le cas général de la cession d'une entreprise soumise à l'IS, qui équivaut à la cession de titres sociaux.

Il existe deux régimes. un régime général , qui s'applique à tous, et un régime dérogatoire, qui s'applique sous conditions.

- le régime général

C'est le régime qui s'applique à tous.

La fiscalité prévue en cas de cession est aujourd'hui d'intégrer la plus-value à la flat tax (30% y compris les prélèvements sociaux). Notons que le barème progressif de l'impôt sur le revenu est toujours possible s'il est plus avantageux. Il est essentiel de toujours réaliser le calcul avant de prendre la décision d'appliquer tel ou tel régime.

Cas pratiques :

J'ai créé une société avec 100 000€ au capital. Je la revend 2 000 000€, ma plus-value est alors de 1 900 000 €.

Afin de calculer l'assiette d'imposition (le montant de la plus value imposable), il faut déterminer la durée de détention des titres.

de 0 à 2 ans de détention, il n'y a pas d'abattement (cas 1)

de 2 à 8 ans de détention, il y a un abattement de 50% sur la plus-value (cas 2)

au delà de 8 ans de détention, il y a un abattement de 65% sur la plus value (cas 3)

Cas 1 : Revente de mes titres avant 2 ans de détention

Dans ce cas, si je détiens mes titres depuis 1 an, je n'aurais pas d'abattement. ma fiscalité sera alors calculée sur 100% de la plus value, et imposée à la Flat Tax pour l'exemple. Soit 1.900.000€ à 30%. Ma fiscalité sera alors de 570 000€.

Cas 2 : Revente de mes titres après une détention entre 2 ans et 8 ans

Dans ce cas, j'ai un abattement de 50% sur la valeur de mes titres. Mon assiette taxable est alors de 1.900.000€ X 0.5 = 950.000€. Ma fiscalité sera alors de 30% de 950.000€ soit 285 000€ y compris les prélèvements sociaux.

Cas 3 : Revente de mes titres après une détention supérieure à 8 ans.

Dans ce cas, j'ai un abattement de 65% sur la valeur de mes titres. Mon assiette taxable est alors de 1.900.000€ X 0.35 = 665.000€. Ma fiscalité sera alors de 30% de 950.000€ soit 199 500€ y compris les prélèvements sociaux.

- le régime dérogatoire

L'abattement pour durée de détention se calcule à partir de la date d'acquisition des titres. Il s'applique à tous dans le cadre du régime général.

Durée de détention	Régime général	Régime dérogatoire
Plus d'un an	0%	50%
Plus de 2 ans	50%	50%
Plus de 3 ans	50%	50%
Plus de 4 ans	50%	65%
Plus de 5 ans	50%	65%
Plus de 6 ans	50%	65%
Plus de 7 ans	50%	65%
Plus de 8 ans	65%	85%

Le régime dérogatoire s'applique aux entreprises nouvelles créées depuis moins de 10 ans et qui respectent les conditions suivantes :

•L'entreprise cédée est créée depuis moins de dix ans et n'est pas issue d'une concentration, d'une restructuration, d'une extension ou d'une reprise d'activités préexistantes. Cette condition s'apprécie à la date de souscription ou d'acquisition des droits cédés.

•L'entreprise est passible de l'impôt sur les sociétés ou d'un impôt équivalent.

•Elle a son siège social dans un Etat membre de l'Union européenne.

•Elle exerce une activité commerciale, industrielle, artisanale, libérale ou agricole, à l'exception de la gestion de son propre patrimoine mobilier ou immobilier.

•L'entreprise n'est pas cotée sur un marché réglementé.

Le régime dérogatoire s'applique également en cas de vente de l'entreprise à un membre de la famille aux conditions suivantes :

- Tout d'abord, la vente doit concerner la cession de droits, détenus directement ou indirectement par le cédant avec son conjoint, leurs ascendants et descendants ainsi que leurs frères et sœurs à un membre de la famille (ascendant et descendant, ainsi que leurs frères et sœurs).-

- Ensuite, il faut que le groupe familial défini plus haut ait détenu plus 25 % des bénéfices à un moment quelconque au cours des cinq dernières années.

- De plus, tout ou partie de ces droits sociaux ne doit pas être revendu à un tiers dans un délai de cinq ans. A défaut, la plus-value, réduite, le cas échéant, de l'abattement dérogatoire est imposée au nom du premier cédant au titre de l'année de la revente des droits au tiers.

Enfin, l'entreprise doit répondre aux critères suivants :

• être soumise à l'impôt sur les sociétés ou à un impôt équivalent.

• avoir son siège dans un Etat membre de l'Union européenne ou dans un autre Etat partie à l'accord sur l'Espace économique européen ayant conclu avec la France une convention d'assistance administrative en vue de lutter contre la fraude et l'évasion fiscales.

Apporter des titres à une holding (l'apport-cession)

Les holdings ne sont pas imposés sur les prélèvements sociaux lors de plus-values en cas de vente. Par conséquent, apporter ses titres à une holding est un moyen stratégique d'éviter l'imposition sur la plus-value en cas de cession. Appelée aussi l'apport-cession, cette technique permet d'apporter une partie des titres ou la totalité de ces derniers à une holding, elle-même dirigée par le propriétaire de l'entreprise à céder. Lors de l'apport de titres, le dirigeant pourra ainsi bénéficier d'un report du montant de la plus-value, jusqu'à ce que la holding soit vendue.

Cette consolidation facilite la succession en cas de décès du propriétaire, les héritiers n'ayant à gérer que les parts de la holding plutôt que celles de multiples sociétés. En outre, la holding offre une flexibilité pour la cession progressive des actions. Le dirigeant peut transférer une partie de ses parts tout en conservant le contrôle de l'entreprise, permettant ainsi une transition en douceur et une continuité d'activité.

Cette stratégie facilite non seulement la transmission, mais permet également de bénéficier d'un cadre fiscal avantageux puisqu'elle est compatible avec le dispositif Dutreil

- comment se pratique l'apport-cession ?

> 1. le dirigeant apporte les titres de la société d'exploitation à une nouvelle société holding imposée à l'IS (Impôt sur les Sociétés). Attention, cette dernière devra être sous le contrôle de l'apporteur. Cela permettra de bénéficier du régime de report d'imposition.

> 2. La société holding cède ensuite la société d'exploitation au repreneur. Pour faciliter les choses, il serait judicieux que la cession intervienne après trois ans. Le report de l'imposition se fera alors sans conditions.

> 3. Via la société holding, il y a réinvestissement du prix de cession dans de nouvelles activités économiques. Toutefois si la cession intervient avant 3 ans, il faut investir au minimum 60 % du montant des titres cédés, et ce, dans les deux ans suivant la cession. De plus, il faut détenir le réinvestissement pendant au moins 2 ans. Une fois ces critères remplis, le report total de la taxation est applicable.

L'apport de titre doit être réalisé en France ou dans un État de l'Union européenne, ou dans un État ayant conclu avec la France une convention fiscale contenant une clause d'assistance administrative en vue de lutter contre la fraude et l'évasion fiscale.

- les conditions du réinvestissement

    • soit en direct dans des sociétés éligibles, ayant une activité commerciale, artisanale, financière, libérale ou agricole. La durée minimum de détention doit être de 12 mois.

    • Soit via des fonds d'investissements éligibles (FCPR, FPCI, SCR, SLP). La durée minimum de conservation de ces fonds est de 5 ans.

Ces différents types d'investissements peuvent parfaitement être combinés

- quand le report d'imposition prend fin ?

    • En cas de transfert du domicile fiscal hors de France ;

    • Si les titres apportés dans la holding ont été cédés avant les 3 ans requis, sans aucun réinvestissement dans au moins 60 % du produit de cession dans une activité économique éligible (ou fonds d'investissement éligible) ;

    • Si les titres reçus en échange de l'apport sont cédés, rachetés, remboursés ou annulés.

Une fois la fin du report, l'application de la taxe sera effective.

L'impôt sur les plus-values réalisées lors de la cession des parts qui a été reporté est totalement exonéré en cas de décès du contribuable.

Transmission de son entreprise à un seul de ses enfants - Le Family Buy-Out (FBO)

Le Family Buy-Out (FBO) est une stratégie de transmission d'entreprise familiale visant à faciliter le transfert du contrôle de l'entreprise à un seul héritier, tout en assurant une compensation équitable aux autres membres de la famille. Cette méthode, inspirée du LBO (Leveraged Buy Out), combine plusieurs éléments fiscaux et patrimoniaux, tels que la donation-partage, le pacte Dutreil, et la création d'une holding de reprise pour gérer la transaction financière.

Comment fonctionne le FBO :

- Donation-partage et Pacte Dutreil : Le chef d'entreprise procède à une donation-partage des titres de l'entreprise, attribuant l'intégralité ou la majorité des actions à l'enfant repreneur. Dans le même temps, les conditions sont réunies pour bénéficier du dispositif Dutreil, permettant une exonération partielle des droits de mutation.

- Soulte : L'enfant repreneur doit verser une soulte aux autres héritiers pour rééquilibrer la part d'héritage.

- Holding de reprise : L'enfant repreneur apporte les titres reçus à une holding. Celle-ci contracte un emprunt permettant de financer les soultes dues aux autres héritiers. Le repreneur fait remonter les dividendes de la société d'exploitation reprise dans la holding afin de rembourser la dette. Le régime mère-fille permet de bénéficier d'une exonération d'impôt sur les dividendes qui remontent de la filiale vers la mère (en contrepartie de la réintégration d'une quote-part pour frais et charges de 5% du dividende).

Combiner donation et apport-cession

La donation-cession est une stratégie permettant d'optimiser la transmission du produit de la cession d'une entreprise à ses héritiers. Cette technique implique deux étapes principales : la donation des titres de l'entreprise aux héritiers suivie de la cession de ces titres. La donation permet de purger la plus-value latente sur les titres au moment de la donation, évitant ainsi une imposition élevée si la cession avait été effectuée directement par le chef d'entreprise.

Cette approche est particulièrement avantageuse lorsque la cession des titres par les héritiers suit de près la donation, évitant ainsi la constatation d'une plus-value. De plus, l'abattement applicable aux droits de donation peut réduire considérablement le coût fiscal de l'opération.

Fonctionnement de la donation-cession :

- Donation des titres : Avant la vente de l'entreprise, le chef d'entreprise fait une donation des titres de sa société à ses héritiers. Le caractère gratuit de la donation lui permet de purger la plus-value latente sur la cession des titres. Pour ses enfants, cette donation est soumise aux droits de mutation à titre gratuit, après application des abattements applicables.

- Cession des titres : Les héritiers vendent ensuite les titres de l'entreprise. Si la vente se fait rapidement après la donation, la plus-value réalisée est généralement nulle. Les héritiers n'ont ainsi pas à régler d'impôt sur les plus-values

La transmission de l'entreprise en donation peut se faire en démembrement. Le donateur peut se réserver l'usufruit des droits financiers et de gestion liés aux titres de la société. Dans ce cas, seule la nue-propriété transmise est imposée aux droits de mutation. L'impôt sur plus-value n'est purgé qu'à hauteur de la nue-propriété donnée. La valeur de l'usufruit et de la nue-propriété est déterminée selon l'âge de l'usufruitier.

Voyons par un exemple chiffré l'intérêt de cette stratégie. Monsieur D. souhaite céder son entreprise et reverser le solde à ses deux enfants. L'entreprise est valorisée 3 millions d'euros, avec une plus-value latente de 2 millions d'euros :

- Option sans donation-cession : En vendant directement son entreprise, Monsieur D. pourrait voir la plus-value imposée à 30% au titre de la flax-tax, soit 600 000 € d'impôt. Il ne lui reste dès lors plus que 2 400 000 € à verser à ses enfants. Les droits de mutation, après abattement de 100 000 € sur l'assiette taxable, s'élèvent pour chaque enfant à 292 678 €. L'imposition totale de cette opération est donc de 1 185 356 € (600 000 € +

292 678 € x2 = 1 185 356€), soit un montant final de 907 322 € pour chacun de ses enfants.

- Option avec donation-cession : Monsieur D. donne les titres de son entreprise à ses enfants. Les droits de mutation, après abattement de 100 000 € sur la base taxable de 1 500 000 €, s'élèvent pour chaque enfant à 412 678 €. Ses enfants cèdent immédiatement les titres, aucune plus-value n'est constatée. L'imposition totale s'élève donc à 825 356 € (412 678 € x2 = 825 356 €), soit une économie d'impôt de 360 000 € par rapport à l'opération sans donation-cession, et un montant final de 1 087 322 € pour chaque enfant !

Développer son patrimoine et préparer sa succession : Apport-cession et transmission

L'apport-cession (article 150-0 B ter) est une technique d'optimisation fiscale permettant au dirigeant d'entreprise de reporter l'imposition sur les plus-values générées par la vente de ses titres. Cette stratégie est particulièrement intéressante pour les chefs d'entreprise souhaitant réaliser une opération patrimoniale avantageuse tout en anticipant leur succession. En effet, pour le dirigeant qui souhaite céder son entreprise et prépare sa succession à moyen-terme, l'apport-cession a pour intérêt majeur de transformer l'impôt sur les plus-values latentes en liquidités réinvestissables, favorisant le développement et la diversification du patrimoine familial.

Fonctionnement de l'apport-cession :

- Apport des titres à une holding : le dirigeant apporte les titres de son entreprise à une holding en échange de parts de cette holding. Cette opération génère une plus-value qui bénéficie d'un report d'imposition. L'impôt est fixé au jour de l'apport.

- Cession des titres par la holding : la holding cède ensuite les titres de l'entreprise. Si la cession intervient plus de trois ans après l'apport, le prix de cession peut être utilisé librement. Si la cession intervient moins de 3 ans après l'apport, le bénéfice du report d'imposition est maintenu si la holding réinvestit au moins 60% du produit de cession dans une entreprise à l'activité dite "économique" ou dans des placements financiers éligibles. Il s'agit la plupart du temps d'investissements en private equity ou en immobilier value-added.

- Transmission : en cas de décès du dirigeant, l'impôt en report est totalement purgé. En cas de donation, l'impôt en report sera définitivement purgé si le donataire conserve les titres de la holding pendant 5 ans (10 ans si le bénéfice du report d'imposition est issu d'un réinvestissement dans des produits financiers éligibles). Sous certaines conditions, le dispositif d'apport-cession peut être cumulé avec un pacte Dutreil.

Cumul pacte Dutreil et apport cession :

Ce mécanisme est particulièrement puissant : il permet au chef d'entreprise de transmettre les titres de sa société Holding au sein duquel l'impôt de cession est encapsulé avec un abattement conséquent de 75% (sous conditions). La donation des titres entraine la purge de l'impôt de cession.

Pour pouvoir bénéficier du Pacte Dutreil au sein de sa Holding, faut que son activité soit considérée comme majoritairement opérationnelle. Si la société réalise des investissements dans le cadre de l'article 150 0 b ter du CGI (considérés comme des investissements actifs), son activité pourra être considérée come opérationnelle.

Abattement supplémentaire de 500.000 € pour départ en retraite du dirigeant.

La plus-value de cession réalisée par la vente :

•de l'intégralité des actions, parts ou droits détenus par le cédant dans la société dont les titres ou droits sont cédés

• ou de plus de 50 % des droits de vote

• ou, en cas de la seule détention de l'usufruit, de plus de 50 % des droits dans les bénéfices sociaux de cette société

peut bénéficier de l'abattement dérogatoire accéléré.

Pour pouvoir bénéficier des dispositions de l'article 150 O D TER, il faut :

• Avoir exercé au sein de la société dont les titres ou droits sont cédés, de manière continue pendant les cinq années précédant la cession une fonction prévue au 1° de l'article 885 O bis.

• Avoir détenu directement ou par personne interposée ou par l'intermédiaire de son conjoint ou de leurs ascendants ou descendants ou de leurs frères et sœurs, de manière continue pendant les cinq années précédant la cession, au moins 25 % des droits de vote ou des droits dans les bénéfices sociaux de la société dont les titres ou droits sont cédés.

• Cesser toute fonction dans la société dont les titres ou droits sont cédés et faire valoir ses droits à la retraite dans les deux années suivant ou précédant la cession.

Pour le même cas que le précédent (cession d'une entreprise avec plus-value brute de 1.900.000€)

Cas 1 : Revente de mes titres entre 0 et 4 ans de détention

Dans ce cas, si je détiens mes titres depuis 1 an, je n'aurai pas d'abattement. ma fiscalité sera alors calculée sur 50% de la plus value, et imposée à la Flat Tax pour l'exemple. Soit 1.900.000€ à 50%. Ma fiscalité sera alors de 285 000 €.

Cas 2 : Revente de mes titres après une détention entre 4 ans et 8 ans

Dans ce cas, j'ai un abattement de 65% sur la valeur de mes titres. Mon assiette taxable est alors de 1.900.000€ X 0.65 = 665.000€. Ma fiscalité sera alors de 30% de 665.000€ soit 199 500€ y compris les prélèvements sociaux.

Cas 3 : Revente de mes titres après une détention supérieure à 8 ans.

Dans ce cas, j'ai un abattement de 85% sur la valeur de mes titres. Mon assiette taxable est alors de 1.900.000€ X 0.15 = 665.000€. Ma fiscalité sera alors de 30% de 285.000€ soit 85 500€ y compris les prélèvements sociaux.

Autre cas :

Monsieur Dupont vend sa société pour 1.500.000 €. Sa société a été créée il y a 7 ans. Monsieur Dupont avait alors apporté 15.000 € en numéraire. Il est éligible au régime dérogatoire et à l'abattement dérogatoire accéléré.

La plus-value dégagée lors de la cession est de 1.485.000 €.

Tout d'abord, cette plus-value de cession bénéficie d'un premier abattement de 500.000 €.

Ensuite, la plus-value résiduelle de 985.000 € est abattue de 65 %.

Au final, la plus-value imposable est de 344.750 €.

Les dirigeants de sociétés soumises à l'IS peuvent bénéficier, jusqu'au 31 décembre 2024, d'un abattement fixe de 500 000 € sur les plus-values de cession des titres de la société soumise à l'impôt sur les sociétés (IS) qu'ils dirigent, en application de l'article 150-0 D ter du CGI.

Le bénéfice de ce dispositif est également subordonné au départ à la retraite du dirigeant dans les 2 années suivant ou précédant la cession. Par cohérence, la loi de finances pour 2022 procède à un ajustement temporaire de même nature. Ainsi, pour les dirigeants qui ont fait valoir leur droit à la retraite entre le 1er janvier 2019 et le 31 décembre 2021, le délai séparant le départ à la retraite de la cession est également porté de 24 à 36 mois.

Dans le cas d'une transmission à titre gratuit (donation, cession), les plus-values latentes sur les parts d'une société à l'IS ne sont pas imposables. Ceci est un avantage significatif comparativement à l'entreprise individuelle ou la société à l'IR. Les titres de société à l'IS peuvent également bénéficier du régime Dutreil (CGI Art. 787 B) comme cela a été détaillé plus haut.

CHAPITRE 9

L'abus de droit en matière fiscale

L'habilité fiscale, qui consiste à choisir entre plusieurs options la voie fiscalement la moins onéreuse, ou à profiter d'une faille dans le maquis de la législation fiscale, n'est pas blâmable. Elle participe même d'une saine gestion. Elle peut toutefois dégénérer en abus et il n'est en pratique guère aisé de délimiter la frontière entre les deux.

L'abus de droit au sens fiscal constitue une notion particulièrement fuyante. On a l'habitude d'affirmer qu'il constitue en réalité une application de la théorie civiliste de la fraude à la loi En d'autres termes, qu'il vise, en utilisant un procédé irréprochable sur le terrain du droit positif, par exemple la création d'une structure sociétaire, à éluder l'application d'une disposition légale obligatoire.

Pour tenir compte de la jurisprudence récente qui a conduit à un renouvellement de la définition de l'abus de droit en matière fiscale, la loi de finances rectificative pour 2008 du 30 décembre 2008 a réécrit l'article L. 64 du Livre des procédures fiscales et a proposé une nouvelle rédaction de l'abus de droit. Désormais, sont constitutifs d'un abus de droit les actes (et non plus seulement les contrats ou les conventions) :

1 - qui ont un caractère fictif : c'est l'abus de droit pour fictivité. La location-gérance d'un fonds de commerce, suivie, peu après, de la cession du matériel au locataire du fonds peut, par exemple, constituer une cession déguisée de fonds de commerce, sanctionnée sur le fondement de l'abus de droit pour fictivité ;

2 - ou qui, recherchant le bénéfice d'une application littérale des textes ou des décisions et réponses ministérielles n'ont pu être inspirés par aucun autre motif que celui d'éluder ou d'atténuer les charges fiscales que l'intéressé, s'il n'avait pas passé ou réalisé ces actes, aurait normalement supportées.

En pratique, la fictivité juridique est constituée par la différence objective existant entre l'apparence juridique créée par l'acte en cause et la réalité, en particulier économique, sous-jacente à cet acte. Selon la jurisprudence, la fraude à la loi en matière fiscale, souvent résumée par la recherche d'un but exclusivement fiscal, est constituée toutes les fois que sont réunies cette recherche d'un but exclusivement fiscal et, d'autre part, l'obtention d'un avantage fiscal par une application littérale des textes ou de décisions à l'encontre des objectifs poursuivis par leurs auteurs.

En cas d'abus de droit pour fictivité juridique ou fraude à la loi, le redressement fiscal est sévère. Deux taux de majoration de l'impôt éludé peuvent s'appliquer :

- 40 % dès lors qu'il y a abus de droit ; le taux de pénalité de 40 % s'applique lorsque le contribuable s'est montré « passif » c'est-à-dire n'a pas initié le montage critiqué ou en a retiré un avantage de moindre importance que celui perçu par les autres personnes impliquées ;
- 80 % si le service établit que le contribuable est l'instigateur principal ou le bénéficiaire principal de l'abus de droit. L'application de la majoration de 80 % nécessite donc une démonstration et une motivation étayées dans la proposition de rectification de l'administration. A défaut de cette démonstration,

seule la majoration de 40 % est applicable.

Une nouvelle catégorie d'abus de droit fiscal, que l'on pourrait qualifier de « mini abus de droit fiscal », peut être invoquée depuis le 1/1/2021 pour tous les actes passés à compter du 01/01/2020. Le mini-abus de droit fiscal se définit par ces mots : « *l'administration est en droit d'écarter, comme ne lui étant pas opposables, les actes qui, recherchant le bénéfice d'une application littérale des textes ou de décisions à l'encontre des objectifs poursuivis par leurs auteurs, ont pour motif principal d'éluder ou d'atténuer les charges fiscales que l'intéressé, si ces actes n'avaient pas été passés ou réalisés, aurait normalement supportées eu égard à sa situation ou à ses activités réelles.* »

Globalement, quel que soit le type d'abus de droit fiscal, sa démonstration par l'administration nécessite la réunion de deux éléments :

- un élément objectif : l'utilisation d'un texte à l'encontre des intentions de son auteur ;

- un élément subjectif, c'est-à-dire, la volonté principale d'éluder l'impôt.

Pour caractériser l'abus de droit fiscal en tant qu'il vise la poursuite d'un objectif principalement fiscal, l'administration doit démontrer que cet acte a pour motif principal d'éluder ou d'atténuer les charges fiscales que l'intéressé aurait normalement supportées eu égard à sa situation ou à ses activités réelles si ces actes n'avaient pas été passés ou réalisés. L'abus de droit fiscal pour motif principalement fiscal ne vise que les actes ou montages dépourvus de substance économique.

Néanmoins, la combinaison des deux conditions légales (utilisation d'un texte contraire à l'intention du législateur et volonté principale d'éluder l'impôt) conduit à ne pas appliquer la procédure d'abus de droit prévue à l'article L. 64 A du LPF aux actes dont le but essentiel est l'obtention d'un avantage fiscal sans aller à l'encontre de l'objet ou de la finalité du droit fiscal applicable.

Lorsque c'est le législateur qui a souhaité encourager un schéma par une incitation fiscale, l'article L. 64 A du LPF ne peut en principe s'appliquer, quand bien même ce schéma aurait un but principalement fiscal, qu'à condition qu'il ne soit pas manifestement détourné de son objet.

L'abus de droit fiscal pour fictivité juridique, fraude à la Loi ou poursuite d'un objectif principalement fiscal n'est il pas une arme redoutable pour « effrayer » le contribuable et freiner la sur-optimisation fiscale ?

Cette définition de l'abus de droit fiscal, et notamment des conditions pour caractériser l'abus de droit fiscal pour poursuite d'un objectif principalement fiscal, est elle volontairement floue pour décourager le contribuable ? Ne s'agit il pas d'un moyen efficace pour faire « peur » à tout prix au contribuable défiscalisateur ?

En tout état de cause, le plus important à retenir dans cette définition d'abus de droit fiscal est l'idée selon laquelle la poursuite d'un objectif principalement fiscal n'est pas le seul élément qui puisse justifier l'abus de droit. L'utilisation d'un texte à l'encontre des intentions du législateur devra également être démontrée !

A chaque fois que vous voudrez mettre en œuvre une stratégie visant à réduire le montant de vos impôts, vous devrez donc vous poser deux questions :

- Pourquoi est ce que je fais ce montage : est ce que je le fais dans l'objectif principal de réduire mon impôt ?

- Si mon objectif principal est de réduire mon impôt, est ce que j'utilise une niche fiscale promue par le législateur ou au contraire dans la recherche du bénéfice d'une application littérale des textes ou de décisions à l'encontre des objectifs poursuivis par leurs auteurs ?

Si l'objectif principal de ma stratégie est la réduction d'impôt et que je n'utilise pas une niche fiscale « officielle » pour atteindre cet objectif, l'abus de droit fiscal menace (mais encore faut il que l'administration fiscale soit en mesure de le démontrer et notamment de connaître l'intention initiale du législateur).

CHAPITRE 10
L'accompagnement des entreprises en difficulté

1 - Les délais de paiement des créances fiscales et sociales

Comment reporter ses échéances fiscales ?

Le service des impôts des entreprises (SIE) demeure l'interlocuteur privilégié : en cas de difficulté, il peut accorder au cas par cas des délais de paiement des impôts et taxes.

Ce dispositif s'adresse aux entreprises concernées par une interruption ou une restriction de leur activité liée à une mesure de fermeture ou lorsque leur situation financière le justifie. Les demandes sont examinées au cas par cas.

Si les entreprises ont reporté des échéances fiscales et qu'elles n'ont pas encore pu être payées, le service des impôts des entreprises est également là pour apporter une aide.

Pour les entreprises (ou les experts-comptables qui interviennent pour des clients dans cette situation), il est possible de demander au service des impôts des entreprises le report sans pénalité du dépôt des liasses fiscales et autres déclarations assimilées et du règlement de leurs prochaines échéances d'impôts directs (acompte d'impôt sur les sociétés, taxe sur les salaires, CVAE).

Si elles ont déjà réglé leurs échéances, elles ont peut-être encore la possibilité de s'opposer au prélèvement SEPA auprès de leur banque en ligne. Sinon, elles ont également la possibilité d'en demander le remboursement auprès de leur service des impôts des entreprises (SIE), une fois le prélèvement effectif.

Pour les travailleurs indépendants, il est possible de moduler à tout moment le taux et les acomptes de prélèvement à la source. Il est aussi possible de reporter le paiement de leurs acomptes de prélèvement à la source sur leurs revenus professionnels d'un mois sur l'autre jusqu'à trois fois si leurs acomptes sont mensuels, ou d'un trimestre sur l'autre si leurs acomptes sont trimestriels.

Pour les contrats de mensualisation concernant le paiement de la contribution foncière des entreprises (CFE) ou de la taxe foncière (TF), il est possible de le suspendre sur le site impots.gouv ou en contactant le Centre prélèvement service : le montant restant sera prélevé au solde, sans pénalité.

Pour faciliter l'ensemble des démarches, la DGFiP met à disposition un modèle de demande à adresser au service des impôts des entreprises. Toutes ces démarches sont accessibles via « l'espace particulier » sur le site impots.gouv rubrique "Gérer mon prélèvement à la source". Toute intervention avant le 22 du mois sera prise en compte pour le mois suivant.

Comment moduler ses acomptes d'impôt sur les sociétés (IS) ?

Le premier acompte d'un exercice est en général calculé en référence à l'avant-dernier exercice clos. Il est ensuite régularisé lors du versement de votre 2ème acompte sur la base des résultats du dernier exercice clos.

Cependant, si vous estimez que :
- les bénéfices du dernier exercice clos seront inférieurs à ceux de l'avant-dernier exercice, vous pouvez réduire votre acompte en prenant comme référence votre dernier exercice ;
- les acomptes versés au titre de l'impôt sur les sociétés du dernier exercice excèdent le montant d'impôt sur les sociétés finalement dû, vous pouvez vous dispenser du versement de votre premier acompte à concurrence du montant de l'excédent dont vous pensez être bénéficiaire.

Pour les acomptes suivants si vous anticipez une diminution du bénéfice et donc de l'impôt de l'exercice en cours, vous pouvez réduire le montant des acomptes normalement exigible. Vous pouvez également vous dispenser de régler un acompte, si vous estimez que vous avez payé la totalité de l'impôt dont vous serez redevable pour l'exercice en cours grâce aux acomptes que vous avez déjà versés.

<u>Attention</u> : une sous-estimation du montant d'un de vos acomptes entraîne une majoration de 5 % calculée sur la différence restant due.

Pour le dernier acompte les grandes entreprises sont soumises à des règles spécifiques. Ainsi, il doit être évalué en fonction du résultat prévisionnel de l'exercice en cours et non du résultat du dernier exercice clos pour les entreprises qui ont un chiffre d'affaires au titre du dernier exercice clos d'au moins 250 millions d'euros.

Le dernier acompte à verser au titre d'un exercice par les entreprises remplissant la condition énumérée ci-dessus est égal à la différence entre :
- 95 % du montant de l'impôt estimé au titre de cet exercice et les acomptes déjà versés, pour les entreprises dont le chiffre d'affaires est d'au moins 250 millions d'euros et au plus égal à 1 milliard d'euros ;

- 98 % du montant de l'impôt sur les sociétés estimé au titre de cet exercice et les acomptes déjà versés, pour les entreprises dont le chiffre d'affaires est supérieur à 1 milliard d'euros.

Attention : une sous-estimation du montant de votre dernier acompte entraîne une majoration et un intérêt de retard calculés sur la différence restant due (articles 1731 A du CGI et 1727 du CGI).

2 - Les remises gracieuses

L'Administration fiscale peut accorder à la demande du contribuable des remises totales ou partielles d'impôts **directs** (toute remise d'impôts **indirects**, en particulier la T.V.A. est impossible) ou de majorations d'impôts lorsque ces pénalités et, le cas échéant, les impositions auxquelles elles s'ajoutent ne sont pas définitives (c'est-à-dire qu'elles peuvent encore être contestées le délai de prescription n'étant pas intervenu).

Au regard des critères de droit commun, la remise ou la modération est un abandon – pur et simple ou conditionnel – consenti par un créancier à son débiteur et portant sur tout ou partie de la créance. Le terme **« remise »** est seul employé lorsque l'abandon consenti porte sur la **totalité** de la créance. Si cet abandon n'est que **partiel**, le terme **« modération »** est plus spécialement utilisé.

Conformément à la règle selon laquelle « le contentieux tient le gracieux en l'état », la remise ou la modération qui est un abandon unilatéral, ne peut normalement intervenir qu'autant que la créance fiscale est devenue définitive.

La remise ou la modération s'applique seulement pour des motifs de « gêne ou d'indigence » c'est-à-dire mettant les contribuables dans l'impossibilité de se libérer envers le Trésor. Ce critère de gêne ou d'indigence concerne tant les entreprises individuelles à l'IR que celles soumises à l'IS. Mais, bien entendu, son appréciation sera différentiée :revenus, patrimoine, endettement, la situation financière, pour l'entreprise à l'IR, résultats comptables, actif et passif du bilan, endettement, situation financière pour l'entreprise à l'IS.

En matière gracieuse il peut être conclu entre les redevables d'impôts et l'administration une « transaction » qui est un contrat écrit par lequel les parties terminent une contestation née ou préviennent une contestation à naître. Elle suppose donc, contrairement à la remise ou modération qui constitue un acte unilatéral d'abandon de créance, des concessions réciproques faites par le créancier et le débiteur sur leurs droits respectifs.

Compte tenu de sa nature propre, la transaction n'a de raison d'être que dans la mesure où elle s'applique à une créance fiscale (impôt et pénalité ou pénalité seulement) contestée ou encore susceptible de contestation. Elle se justifie également dans les cas où, en l'absence de toute possibilité de contestation de la créance fiscale devant le juge de l'impôt, elle a pour effet, soit de mettre fin à une action déjà entreprise devant les tribunaux correctionnels en vue d'obtenir une condamnation à des sanctions fiscales, soit d'interdire l'engagement d'une telle action.

En droit fiscal, la transaction ne peut, en aucun cas, conduire à une atténuation de l'impôt principal (droit, taxe, prélèvement, redevance, etc.), quelle que soit sa nature. Elle s'applique lorsque l'Administration consent au redevable une atténuation des pénalités prononcées ou simplement encourues et, le cas échéant, renonce à porter l'affaire devant les tribunaux.

En contrepartie, le contribuable bénéficiaire de la transaction s'engage à verser au Trésor, à titre de sanction, en sus des droits et des frais éventuellement exigibles, une somme fixée par le service, inférieure aux pénalités qu'il a encourues ou qui ont été prononcées contre lui et renonce à toute procédure contentieuse – née ou à naître – visant les pénalités ou les droits qu'elles concernent.

Les décisions de la juridiction gracieuse ne peuvent, en principe, intervenir que sur demande des contribuables. La présentation d'une telle demande n'est pas exigée dans les cas où le service est autorisé à accorder des transactions ou des remises ou modérations d'office,

Où adresser la demande ?

Les demandes en vue d'obtenir, à titre gracieux, soit une transaction, soit une remise ou modération, doivent être adressées au service des impôts des entreprises dont dépend le lieu d'imposition.

En ce qui concerne les impositions établies par une Direction du Contrôle Fiscal (DIRCOFI) ainsi que par une direction fiscale nationale ou spécialisée, la demande doit être adressée au directeur chargé de cette Direction.

Les demandes gracieuses peuvent porter sur la totalité ou une partie des impôts directs et des pénalités quel que soit l'impôt en cause. Elles n'ouvrent pas droit au sursis de paiement. Le comptable public est donc autorisé à engager des poursuites pour réclamer le paiement de l'impôt.

Comment adresser la demande ?

La demande, qui doit contenir les informations nécessaires pour identifier l'entreprise ainsi que l'imposition, est adressée, soit oralement (dans ce cas, une fiche de visite est rédigée par le service des impôts et signée par le représentant de l'entreprise), soit par courrier ou par courriel ou directement sur le site www.impots.gouv.fr .

La demande peut également être faite par une personne qui a reçu de la part de l'entreprise un mandat à cet effet. Certaines personnes peuvent en faire la demande sans avoir reçu de mandat formel. Il s'agit, par exemple, des avocats, de chacun des époux pour les impositions relatives aux biens qu'il administre et les impôts dont il est solidairement responsable, des héritiers pour le compte du contribuable décédé, de chacun des membres d'une indivision pour le compte de l'indivision.

Pour permettre au service des impôts d'apprécier la situation, il est recommandé d'accompagner la demande du questionnaire formulaire 4805-SD accessible via le moteur de recherche et des pièces justificatives correspondantes.

Comment est traitée la demande ?

La demande est appréciée en fonction de la situation personnelle de l'entreprise (qu'elle soit à l'IR ou à l'IS) qui peut avoir pour origine :

- un décalage de la période de paiement de l'impôt ;
- une perte imprévisible des revenus ;
- des circonstances exceptionnelles ou ayant occasionné des dépenses anormalement élevées ;
- une disproportion entre l'importance de la dette fiscale et le niveau de revenus (accumulation d'arriérés ou rappels suite à contrôle, par exemple).

L'appréciation de cette situation relève toujours d'une approche individualisée qui prend en compte l'ensemble des particularités du dossier, ainsi que du comportement fiscal habituel en matière de déclaration et de paiement, le respect des engagements pris, et les efforts déjà fournis pour se libérer de la dette fiscale.

En pratique, les capacités réelles de paiement sont appréciées sur les critères

suivants, pour les entreprises individuelles soumises à l'IR :
- en tenant compte du patrimoine et de l'ensemble des ressources des personnes vivant avec le contribuable, actuelles, imposables ou non (allocations sociales, aides municipales, RSA…), permanentes ou temporaires ;
- en prenant en considération les dépenses indispensables à la vie courante du foyer familial : nourriture, santé, assurance, logement (loyer ou équivalent si emprunt bancaire, chauffage, éclairage), frais de transport domicile - lieu de travail. Ces dépenses doivent être justifiées ou réellement établies ;
- en s'assurant que les dépenses sont en rapport avec vos ressources et la composition de votre foyer. Les raisons pour lesquelles les dépenses excèdent les capacités financières sont examinées (événements particuliers ou choix de mode de vie, cette dernière raison excluant toute remise ou modération) ;
- en évaluant l'étendue de la dette fiscale : l'administration s'assure que l'octroi de délais de paiement ne peut suffire à apurer la dette. Elle tient compte, le cas échéant, de l'origine et de la nature des dettes autres que fiscales, notamment en cas de situation de surendettement.

Une approche de nature identique, mais bien sûr adaptée, est retenue pour apprécier les capacités réelles d'une entreprise de capitaux : montant et nature de l'actif et passif social, nature et montant de l'endettement, investissements, évolution du chiffre d'affaires et des bénéfices ou déficits, mesures de gestion mises en œuvre, perspectives de paiement, comportement fiscal déclaratif et de paiement habituel, mesures gracieuses accordées antérieurement.

Quelle est la durée de traitement de la demande ?

L'administration s'efforce de répondre à toutes les demandes dans le meilleur délai possible. Si l'administration n'a pas répondu dans le délai de 2 mois, la demande est considérée comme rejetée. Ce délai est porté à 4 mois si la complexité de la demande le justifie. L'administration doit, dans ce cas, informer de ce délai supplémentaire avant l'expiration du délai de 2 mois.

Quelles sont les décisions de l'administration sur la demande ?

À l'issue de l'examen des différents critères d'appréciation, la demande peut donner lieu à :
- une décision de rejet ;
- une décision de remise ou de modération pure et simple ;
- une décision de remise ou de modération conditionnelle.

Les décisions prises en matière de juridiction gracieuse ne sont pas motivées, c'est-à-dire que l'administration n'a pas à expliquer les raisons de son choix. Ce principe s'applique quel que soit le sens et la portée de la décision.
L'octroi de la remise ou de la modération peut être subordonné :
- au paiement préalable des impositions restant à charge ;
- au dépôt d'une déclaration si les obligations déclaratives ne sont pas à jour ;
- à la renonciation à tout contentieux visant les impôts concernés par la demande.

Quelle est la suite aux décisions gracieuses de l'administration ?

Les décisions de rejet total ou partiel prises par les directeurs et les agents délégataires sur les demandes gracieuses des contribuables peuvent être soumises au ministre chargé du budget. Ces recours sont spécialement désignés sous le nom de « pourvois ».

Dans un souci de simplification et de déconcentration des travaux du contentieux, les directeurs des finances publiques et les directeurs chargés d'une direction spécialisée ou d'un service à compétence nationale peuvent prendre eux-mêmes les décisions sur les pourvois formés contre les décisions initiales prises par les agents délégataires.

Si, après instruction du pourvoi, le directeur estime que la demande initiale aurait dû être accueillie, en tout ou en partie, il revient sur la décision et il la notifie au contribuable qui a, ainsi, un nouveau droit de recours.

Par ailleurs, le ministre peut être saisi de recours contre toutes les décisions des directeurs (directeurs des finances publiques ou directeurs chargés d'une direction spécialisée ou d'un service à compétence nationale) intervenues sur les demandes ressortissant à la juridiction gracieuse, que celles-ci tendent à obtenir une transaction ou une remise ou modération.

Quant aux décisions relevant de la compétence du ministre, elles peuvent faire l'objet d'un pourvoi devant cette même autorité, mais seulement si des faits nouveaux sont apparus.

Enfin, ce n'est que dans des cas très exceptionnels qu'une décision refusant une remise gracieuse peut être déférée à la juridiction administrative.

Quel recours devant la juridiction administrative ?

La juridiction administrative n'est pas compétente pour prononcer directement des remises ou modérations gracieuses non plus que des transactions sur pénalités.
Seule l'Administration peut prendre des décisions de cette nature mais elle n'y est pas tenue et n'a pas à motiver les décisions qu'elle notifie aux contribuables dans l'exercice de la juridiction gracieuse.

Par ailleurs, ces décisions ne peuvent pas être contestées devant le juge de l'impôt dans le cadre général du « plein contentieux » mais seulement dans celui, plus restreint, du « contentieux de l'annulation », c'est-à-dire par la voie du recours pour excès de pouvoir.

3 - *Le CODEFI*

Présentation du dispositif

L'aide aux entreprises en difficultés du CODEFI (Comité Départemental d'Examen des problèmes de Financement des entreprises) a pour but de mettre en oeuvre des mesures industrielles, sociales et financières pour assurer le redressement des entreprises, le maintien des emplois et leur contribution au développement économique.

Cette structure locale, présidée par le Préfet, assiste les entreprises dans l'élaboration et la mise en œuvre de solutions de redressement pérennes. Il examine la situation des entreprises de moins de 400 salariés et intervient comme médiateur entre les administrations fiscales et sociales, et les banques. Il finance aussi les diagnostics, audits et plans de restructuration des entreprises.

A qui s'adresse le CODEFI ?

Sont concernées les entreprises de moins de 400 salariés qui rencontrent des problèmes de financement.

Sont également éligibles les entreprises suivantes :
- pour l'audit : entreprises commerciales in bonis à l'exclusion des entreprises individuelles, des EURL, des exploitations agricoles, des associations et

professions libérales,
- pour le prêt FDES (fonds de développement économique et social) : celles éligibles à l'audit avec, comme exclusion complémentaire à celles précédemment citées, les entreprises des secteurs surcapacitaires : agriculture, pêche, commerce et transports (réglementation européenne).

Pour quel projet ?

L'aide peut prendre la forme :
- de démarches conciliatoires auprès de certains organismes publics ou parapublics pour l'accélération du règlement de certaines créances (ex : TVA),
- d'obtention de délais pour les dettes fiscales ou sociales par la transmission des demandes à la Commission des Chefs de Services financiers et des représentants des Organismes de Sécurité Sociale.
- d'interventions auprès des partenaires de l'entreprise (associés, banques) pour le maintien de leur soutien,
- d'aides financières à la restructuration : le CODEFI peut avoir recours à des audits (industriels, commerciaux, financiers).

Les audits doivent essentiellement permettre de :
- valider certains éléments de la situation de l'entreprise (situation financière et commerciale, savoir-faire industriel, capacité à dégager des marges, pertinence de l'outil industriel) ou les hypothèses de redressement économique ou financier,
- établir une situation de trésorerie et un prévisionnel.

Le CODEFI peut aussi financer la réalisation de plans de restructuration par des prêts sur le Fonds de Développement Economique et Social (FDES). Il peut s'agir de prêts ordinaires ou participatifs d'une durée de 5 à 10 ans (Ceux-ci sont réservés aux entreprises industrielles).

De quel type d'aide s'agit-il ?
La réalisation d'audits peut être financée à hauteur de 40 000 € TTC (sous conditions).
Le montant des prêts pour la réalisation de plans de restructuration peut atteindre 800 000 € dans la limite de :

- 2 000 € par emploi en contrat à durée indéterminée à l'issue de la restructuration,
- et cumulativement, 20 % du nouvel apport des fonds durables (fonds propres ou prêts à moyen terme d'origine privée).

Informations pratiques
- L'entreprise doit saisir le CODEFI dans le ressort duquel se situe son siège social. Pour cela, elle doit s'adresser, soit au secrétaire permanent du CODEFI à la Direction départementale des finances publiques, soit au commissaire au redressement productif (CRP) de sa région.
- L'aide doit être sollicitée avant le dépôt de bilan.
- Les dossiers sont instruits par le Secrétariat permanent du CODEFI, dans chaque DDFIP.

4 - La commission des chefs de services financiers (CCSF)

En cas de difficultés à régler une échéance fiscale ou sociale, la CCSF, dont le secrétariat permanent est assuré par la Direction départementale des Finances publiques (DDFiP), peut être saisie.

Cet organisme réunit les représentants des créanciers publics : Directeur des

Finances publiques, de l'Urssaf et des représentants des différents régimes de Sécurité Sociale obligatoires de base. Elle est présidée par le Directeur départemental des finances publiques.

La commission des chefs de services financiers, les organismes de Sécurité sociale et l'assurance chômage accordent aux entreprises qui rencontrent des difficultés financières, des délais de paiement pour leurs dettes fiscales et sociales (part patronale) en toute confidentialité.

Les personnes morales de droit privé, les commerçants, artisans, professions libérales ou les agriculteurs peuvent bénéficier de ce dispositif sous réserve d'être, en principe, à jour de leurs obligations déclaratives et de paiement de la part salariale des cotisations sociales.

La commission peut accorder :
- un échéancier de paiement concernant des dettes sociales (cotisations patronales URSAFF), fiscales professionnelles (contribution économique territoriale, T.V.A., impôt sur les sociétés), et d'assurance chômage ;
- voire des remises partielles de dettes dans le cadre d'une procédure collective ;
- à titre dérogatoire, des remises partielles ou intégrales des impôts directs et des pénalités ;
- Lorsque le plan est accordé, l'entreprise effectue chaque mois un virement unique auprès de la Direction départementale des finances publiques qui procède à la répartition entre les créanciers concernés.
Les échéanciers qu'elle accorde sont adoptés par décision collégiale de l'ensemble des membres pour une durée ne pouvant dépasser une année. Au-delà, les difficultés de l'entreprise nécessitent généralement un traitement judiciaire.

Les modalités de saisine de la CCSF

La commission peut être saisie soit directement à l'initiative de l'entrepreneur, soit à l'initiative de l'un des membres de la commission, ou d'un comptable public dans le cadre de sa mission de détection-prévention.

En cas de demande de remise de dettes intervenant dans le cadre d'une procédure de conciliation, de sauvegarde ou de redressement judiciaire, le débiteur, le conciliateur, l'administrateur ou le mandataire ad hoc peut saisir la CCSF dans les deux mois à compter de la date d'ouverture de la procédure.

La saisine s'effectue par courrier au secrétariat permanent de la CCSF (situé à la direction départementale des finances publiques ou au service des impôts des entreprises dont relève votre entreprise).

Le dossier doit :
- préciser le nom de votre entreprise, sa forme juridique, son adresse, le n° siren, le n° Urssaf, le nombre de salariés ;
- expliquer l'origine des difficultés financières et les mesures de redressement envisagées (fiabilité des garanties proposées : solvabilité de la caution, situation hypothécaire du bien affecté…) ;
- exposer la situation financière de votre entreprise.
- Il doit en outre comporter :
- une attestation sur l'honneur justifiant le paiement des parts salariales des cotisations de Sécurité sociale,
- la dernière liasse fiscale,
- une attestation justifiant de l'état des difficultés financières et la situation actuelle de votre trésorerie,
- les états prévisionnels de chiffre d'affaires et de trésorerie pour les prochains mois,

- le dernier bilan clos.
- La commission peut éventuellement vous entendre, vous ou votre représentant.
- La CCSF n'étant pas investie d'un pouvoir décisionnel propre, le rejet de votre demande de délais ne constitue pas un acte susceptible de recours devant la juridiction administrative.

Obtenir un échéancier de la CCSF :
- la demande est recevable même si les cotisations patronales n'ont pas été intégralement réglées. En revanche, l'accord d'un échéancier est strictement conditionné au respect du paiement des échéances courantes.
- Pour pouvoir bénéficier d'une telle mesure, il faut être à jour du dépôt des déclarations fiscales et sociales et du paiement des cotisations et contributions salariales, des majorations de retard et des pénalités si l'entreprise fait l'objet d'une reprise ou d'une restructuration financière.

Aucune publication n'est effectuée auprès du greffe du tribunal.

Le paiement s'effectue dans les conditions fixées par le plan d'apurement adopté par la commission.

Lorsque ce plan n'est pas respecté, les majorations et pénalités sont calculées selon les règles de droit commun.

Bon à savoir :
En cas de non-respect du plan, la commission constate sa résolution.
Toutefois, elle ne peut refuser un nouvel examen de la situation de l'entreprise dès lors :
- qu'une telle demande est déposée
- que les difficultés rencontrées sont purement conjoncturelles et ne sont pas,

dans ce cas également, révélatrices d'un état avéré de cessation de paiement.

Les créanciers ne peuvent former une assignation en redressement ou liquidation judiciaire qu'après en avoir informé le président de la commission qui pourra leur demander de suspendre leur action pendant un délai de 15 jours, à compter de la date de dénonciation du plan, renouvelable une fois.

5 - *Le CIRI (Comité interministériel de restructuration industrielle)*

Les entreprises en difficultés, de plus de 400 salariés, relèvent de la compétence du CIRI, dont le secrétariat général est assuré par la Direction générale du Trésor.

A l'instar du CODEFI, le CIRI aide les entreprises de plus de 400 salariés qui rencontrent des difficultés structurelles, à trouver des solutions pour assurer leur pérennité et leur développement.

Le CIRI propose des aides pour assurer la pérennité ou la reconversion de ces entreprises. Le comité peut aussi accorder des prêts sous certaines conditions, notamment l'élaboration d'un plan de redressement. Il peut aussi proposer un audit de l'entreprise ou une orientation vers la Commission des chefs de services financiers (CCSF) si l'entreprise a des dettes fiscales ou sociales. Le dirigeant de l'entreprise en difficulté peut adresser sa demande sans forme particulière au secrétariat général du Ciri, assuré par la Direction générale du trésor, au 01 44 87 72 58 ou par courriel à l'adresse ciri@dgtresor.gouv.fr

6 – *Les CRP*

Les entreprises en difficulté peuvent demander l'accompagnement d'un commissaire aux restructurations et prévention des difficultés des entreprises (CRP). Les CRP ont aussi pour mission d'anticiper les difficultés des entreprises, pour mettre en place des actions correctives le plus tôt possible.

Les Commissaires aux restructurations et prévention des difficultés des entreprises sont positionnés dans les services déconcentrés de l'État et placés sous le contrôle de la Délégation interministérielle aux restructurations des entreprises (DIRE). Ils sont les points d'entrée des entreprises en difficulté, au niveau local, et les garants de la cohérence des actions des autorités publiques les concernant.

Les CRP interviennent auprès d'entreprises en difficulté de moins de 400 salariés avec un périmètre d'intervention prioritairement focalisé sur les entreprises industrielles de plus de 50 salariés.

Les CRP interviennent en lien avec l'ensemble des services de l'État, les opérateurs publics et les collectivités territoriales dans toutes les phases, pouvant aller de l'alerte, avec une intervention en prévention, jusqu'à un appui opérationnel à la restructuration des entreprises, ou un accompagnement de l'entreprise en procédure (amiable ou collective) ouverte auprès du tribunal de commerce.

La force de leur intervention repose sur leur réactivité, leur proximité territoriale et leur pouvoir d'évocation d'un dossier au niveau national, lorsque sa criticité le requiert. En contact régulier avec la Direction générale des Entreprises et la Déléguée interministérielle aux restructurations des entreprises, les CRP peuvent rapidement mobiliser au niveau national les acteurs ou les leviers et dispositifs de soutien adaptés aux difficultés de l'entreprise dans des délais souvent très contraints. Les CRP peuvent mobiliser les partenaires régionaux et nationaux (régions, Bpifrance, CCI, Business France, Médiations des entreprises et du crédit, fonds d'investissement, etc.). Ils participent activement aux comités départementaux d'examen des problèmes de financement des entreprises (CODEFI).

En résumé, les CRP disposent d'une palette de solutions pour traiter les difficultés des entreprises et leur permettre de rebondir dans les meilleures conditions.

7 – La Médiation du crédit

Lorsqu'une entreprise rencontre des difficultés pour obtenir un crédit auprès de sa banque, elle peut s'adresser à la mission de médiation du crédit qui intervient pour trouver une solution. Cet organisme qui n'a aucun pouvoir administratif. Son rôle consiste simplement à mettre d'accord les parties en présence. Sa démarche est donc avant tout économique, le plus important pour elle étant de vérifier que le dossier traité est sain.

La Médiation du crédit est relayée dans chaque département par des médiateurs départementaux qui sont les directeurs de la Banque de France. Pour entrer en médiation, il suffit de remplir et valider un dossier en ligne sur :

www.economie.gouv.fr/mediateurcredit

8 - Les procédures de prévention pour les les entreprises en difficulté et les procédures collectives

Face aux difficultés : la solution des procédures préventives

Si les points d'alerte indiquent une situation très dégradée et que les aides actuelles liées à la crise sanitaire ne suffisent pas, il est alors primordial de ne pas mettre les difficultés de côté. Grâce à une réaction rapide, des outils tels que les procédures préventives peuvent sauver une entreprise de la faillite.

Il existe **deux procédures préventives** que sont le **mandat ad hoc** et la **conciliation**. Elles s'adressent aux entreprises qui ne sont pas en cessation de paiements et qui souhaitent trouver un accord amiable pour redresser la situation financière de la société.

Ainsi, le **mandat ad hoc** permet de faciliter la **recherche d'un accord** à l'aide d'un tiers dépourvu de tout pouvoir coercitif. Dans ce cadre, le tribunal de Commerce désigne un mandataire pour lui impartir une mission d'aide confidentielle, sans limitation de durée et relative à des difficultés très diverses (problématiques financières, immobilières, légales...).

D'autre part, la conciliation permet à l'entreprise de négocier avec ses créanciers par l'intermédiaire d'un conciliateur. Tout comme le mandataire, le conciliateur désigné par le Tribunal de Commerce doit trouver des solutions adaptées afin de satisfaire l'entreprise et les créanciers. Cependant, contrairement au mandat ad hoc, la conciliation ne peut durer que 5 mois maximum et n'est pas confidentielle. En effet, l'entreprise doit exposer les difficultés avérées ou prévisibles qu'elle traverse devant le Tribunal de Commerce.

Les procédures collectives

Pour les entreprises qui traversent des difficultés (financières ou de toute autre nature) il existe les procédures collectives qui sont des mesures judiciaires ayant pour but de garantir la poursuite de l'activité et de maintenir l'emploi, tout en respectant les droits des créanciers.

Ces mesures s'inscrivent dans la volonté de préserver le tissu économique des entreprises françaises. Préserver les entreprises en difficulté, c'est préserver l'écosystème qui l'entoure (fournisseurs, clients, prestataires...) mais c'est aussi **préserver les emplois** créés par ces entreprises.

- Quel est le but d'une procédure collective ?

Les procédures collectives permettent aux entreprises de gérer leurs difficultés grâce à des mesures judiciaires.

En effet, lorsqu'une entreprise est placée en procédure collective, deux mesures importantes s'appliquent:
- **le gel des poursuites individuelles des créanciers :** les créanciers de l'entreprise ne peuvent plus engager de procédures de recouvrement individuelles à l'encontre de la société. Les dettes de l'entreprise sont gérées de manière collective et non plus créancier par créancier.
- le **gel du paiement des dettes** : pendant toute la procédure collective, l'entreprise n'a pas le droit de payer les créanciers dont les dettes sont antérieures à la procédure. Cela permet à l'entreprise de reconstituer sa trésorerie tout en élaborant un plan de règlement de ses dettes.

L'objectif des procédures collectives est de trouver un équilibre entre la défense des intérêts des créanciers, la sauvegarde de l'entreprise et de l'emploi.

- Quelles sont les différentes procédures collectives?

Il existe 3 formes de procédures collectives en fonction du degré des difficultés rencontrées par l'entreprise :

1 - la sauvegarde judiciaire :

elle est instaurée pour une durée maximum de 18 mois. La période d'observation est de 6 mois mais peut être renouvelée, sans pouvoir dépasser 18 mois. La sauvegarde intervient au moment où les difficultés ne sont pas encore trop "graves". Le but est de faciliter la réorganisation de l'entreprise afin qu'elle puisse apurer son passif, et notamment ses dettes.

Ainsi, la **procédure de sauvegarde** donne la possibilité à une entreprise, qui n'est pas encore en état de cessation des paiements, de se réorganiser, sous la protection de la justice. Pour cela, le tribunal procède à l'ouverture d'une période d'observation d'une durée maximale de 6 mois (renouvelable une fois). Durant cette période, le dirigeant conserve ses prérogatives dans la gestion de l'entreprise. Il y a également un arrêt des poursuites, une suspension des créances antérieures et une continuation des contrats en cours.

A la suite de cette période d'observation, si l'entreprise est considérée comme assez solide, le tribunal peut arrêter un plan de sauvegarde (d'une durée maximale de 10 ans pour la plupart des entreprises).

Mais lorsque les entreprises connaissent une cessation des paiements, une déclaration de cessation des paiements doit être déposée par le dirigeant dans un délai maximum de 45 jours suivant la date de cessation des paiements au Tribunal de commerce.

2 - la procédure de redressement judiciaire :

les sociétés en état de **cessation des paiements**, qui peuvent encore maintenir leur activité et l'emploi, vont se tourner vers la procédure de redressement judiciaire. Celle-ci est comparable à la procédure de sauvegarde. Toutefois, elle impose plus de contraintes et d'encadrements à la direction de l'entreprise. L'administrateur judiciaire peut donc effectuer une mission de surveillance, d'assistance ou de gestion complète à la place du dirigeant. La période d'observation peut se solder soit par la mise en place d'un **plan de redressement** (limité à 10 ans) si l'entreprise est viable, soit par une **cession partielle ou totale de l'activité**, soit par l'ouverture d'une **liquidation judiciaire** si la situation ne peut s'améliorer.elle intervient lorsque les difficultés sont avérées et que la société ne peut plus payer ses dettes.

L'objectif est de créer un plan de redressement pour envisager la poursuite d'activité et la sauvegarde, le maintien de l'emploi et l'apurement du passif. Elle a une durée maximum de 18 mois (6 mois renouvelables trois fois maximum).

3 - le rétablissement professionnel :

il est réservé aux entrepreneurs individuels (hors EIRL) dont le redressement judiciaire est manifestement impossible et qui répondent à certaines conditions.

Il permet aux entrepreneurs individuels qui en font la demande de bénéficier d'une **suppression de la totalité de leurs dettes personnelles et professionnelles** après étude de leur dossier. Les poursuites judiciaires des créanciers ne sont pas automatiquement suspendues mais le juge peut en faire la demande et peut également accorder des délais de paiement au débiteur.

A noter : cette option est offerte lorsque le dépôt de bilan la micro-entreprise ou l'activité en nom propre est effectué.

4 - la procédure de liquidation judiciaire :

si aucune solution n'est trouvée, la procédure de liquidation judiciaire est mise en oeuvre : elle a pour objet de céder l'ensemble des actifs de l'entreprise débitrice pour permettre le paiement de ses créanciers.

Cette procédure intervient lorsque les difficultés sont trop importantes pour permettre le redressement. Dans ce cas, il y a un arrêt immédiat de l'activité. Les salariés sont licenciés et les actifs de la société sont vendus par un liquidateur afin de rembourser les créanciers.

Quand peut-on engager une procédure collective ?

Chaque procédure collective a ses propres règles de mise en oeuvre. Les procédures répondent à des degrés de difficultés différents et les conditions d'ouverture de procédure varient donc également en fonction des difficultés rencontrées par l'entreprise.

Bien souvent, les conditions d'ouverture d'une procédure collective ou préventive sont liées à l'état de cessation de paiement de l'entreprise.

De quoi s'agit-il? Une entreprise est en état de cessation des paiements lorsque son "actif disponible" n'est pas suffisant pour faire face au "passif exigible".

Concrètement, il s'agit du moment où l'entreprise n'a plus assez d'argent disponible immédiatement pour payer les dettes arrivées à échéance. Ainsi, le jour où une entreprise ne peut plus faire face à ses dettes, elle se trouve en état de cessation des paiements.

La date de cessation des paiements peut être déterminée à l'avance, à l'aide des indicateurs de pilotage de votre entreprise. Plus ce risque est détecté tôt, plus il sera simple de parer à cette difficulté.

Modalités de mise en œuvre des différentes procédures :

- conditions d'ouverture d'une sauvegarde judiciaire:

La demande doit être faite par le représentant de l'entreprise, et
- l'entreprise doit rencontrer des difficultés insurmontables mais
- elle ne doit **pas être en état de cessation des paiements**.

A noter: il existe une procédure de **sauvegarde accélérée** dans laquelle l'entreprise peut être en cessation des paiements tant qu'elle l'est depuis moins de 45

- comment déposer le bilan ?

Les démarches de dépôt de bilan en entreprise individuelle (en cas d'exercice d'une activité en nom propre) sont simples. Il faut remplir le formulaire Cerfa n°10530-01 et le compléter avec les justificatifs suivants:
- un état de l'actif et du passif des sûretés et engagement hors bilan de moins de 7 jours;
- comptes annuels du dernier exercice;
- situation de trésorerie de moins d'un mois
- copie de la pièce d'identité de l'entrepreneur individuel.

- conditions d'ouverture d'un **redressement judiciaire ou d'une liquidation judiciaire**:
- l'entreprise **doit être en état de cessation des paiements** ;
- la demande peut être faite par le **représentant**, le **ministère public** ou par assignation en redressement judiciaire d'un **créancier** de l'entreprise ;

Bon à savoir: la liquidation judiciaire n'est envisageable que si le redressement de l'entreprise est manifestement impossible.

Les modifications apportées par l'ordonnance du 15 septembre 2021

- procédure d'alerte

Cette ordonnance n'apporte pas de modification substantielle à la procédure d'alerte ; le dispositif existant étant d'ailleurs en conformité avec les dispositions prévues à l'article 3 de la directive européenne « restructuration et insolvabilité ». Seules deux modifications sont apportées. La première renforce le pouvoir du président du tribunal en lui permettant de déclencher une phase de « mini-enquête » dès qu'il convoque le dirigeant, alors qu'auparavant il devait attendre le terme de l'entretien avec le dirigeant ou alors la constatation effective de la non-présentation du dirigeant à sa convocation.

La seconde vise à accélérer la procédure en pérennisant une mesure prévue temporairement par l'ordonnance n° 2020-596 du 20 mai 2020. Ainsi, l'article 3 de l'ordonnance insère un nouvel article dans le code de commerce prévoyant que le commissaire aux comptes pourra « informer le président du tribunal compétent dès la première information faite au président du conseil d'administration ou de surveillance ou au dirigeant ».

L'ordonnance n° 2021-1193 du 15 septembre 2021 reprend par ailleurs en partie une mesure phare de l'ordonnance n° 2020-596 du 20 mai 2020 en permettant au débiteur de demander au président du tribunal ayant ouvert une procédure de conciliation de faire application de l'article 1343-5 du code civil relatif au délai de grâce à l'égard d'un créancier qui n'accepte pas « dans le délai imparti par le conciliateur, la demande faite par ce dernier de suspendre l'exigibilité de la créance » pendant la durée de la procédure.

Le débiteur peut ainsi demander au juge de reporter ou échelonner le paiement des sommes dues. Toutefois, dans ce nouveau cas le juge ne peut reporter ou échelonner le règlement des créances non échues que dans la limite de la durée de la mission du conciliateur (et non sur une période de deux ans).

- Dispositions relatives à la sauvegarde et à la sauvegarde accélérée

Jusqu'à présent, la durée initiale de la période d'observation de six mois, pouvait être renouvelée pour une durée complémentaire de six mois. A titre exceptionnel, et seulement sur requête du ministère public, et par décision motivée, le tribunal pouvait prolonger pour une durée maximale de six mois, de sorte que la durée maximale de la période d'observation en sauvegarde était fixée à dix-huit mois. Cette dernière prolongation est supprimée par l'article 13 de l'ordonnance pour la procédure de sauvegarde. Elle reste en revanche possible pour la procédure de redressement judiciaire.

Désormais, le jugement ouvre une période d'observation d'une durée maximale de six mois, qui peut être renouvelée une fois pour six mois sur « décision spécialement motivée ». La durée de la période d'observation en procédure de sauvegarde est donc réduite et portée au maximum à douze mois l'objectif étant de favoriser une sortie plus rapide de la procédure de sauvegarde.

Le renouvellement de la période d'observation aux termes des six premiers mois sur décision « spécialement » motivée par le tribunal participe également à l'objectif de célérité de la procédure de sauvegarde. Ces modifications sont cohérentes avec la différence de philosophie entre les procédures de sauvegarde et de redressement. La situation du débiteur qui sollicite une procédure de sauvegarde justifie a priori une durée de procédure moins longue qu'en cas de redressement judiciaire puisque le débiteur, sans être en état de cessation des paiements, fait face à des difficultés qu'il n'est pas en mesure de surmonter.

Toujours dans l'objectif de réduire la durée de la procédure collective, l'ordonnance prévoit désormais que « lorsque les engagements pour le règlement du passif peuvent être établis sur la base d'une attestation de l'expert-comptable ou du commissaire aux comptes, ils portent sur les créances déclarées admises ou non contestées, ainsi que sur les créances identifiables, notamment celles dont le délai de déclaration n'est pas expiré ».

Cette faculté a pour objectif d'accélérer le déroulement de la période d'observation et l'examen d'un plan de sauvegarde ou de redressement par le tribunal en se basant sur une attestation de l'expert-comptable ou du commissaire aux comptes, et donc sans attendre le terme de la procédure de vérification des créances. De prime abord, cette faculté sera réservée aux entreprises dont la comptabilité est particulièrement bien tenue et suivie afin de permettre à l'expert du chiffre de prendre cet engagement.

- Extension du champ d'application de la sauvegarde accélérée

Le champ d'application de la procédure de sauvegarde accélérée a été étendu à toutes les entreprises dont les comptes ont été certifiés par un commissaire aux comptes ou établis par un expert-comptable. L'ordonnance pérennise celle du 20 mai 2020 qui avait supprimé les seuils d'ouverture afin d'adapter le droit des entreprises en difficulté à la crise sanitaire. Par ailleurs, la durée de la procédure est désormais de deux mois à compter du jugement d'ouverture, prorogeable jusqu'à quatre mois maximum.

La procédure de conciliation reste également maintenue comme préalable à la sauvegarde accélérée. L'exigence est cohérente avec le délai dans lequel est enserré la préparation du plan de sauvegarde ; le plan devant être arrêté (et non présenté) dans le délai de quatre mois à compter du jugement d'ouverture. La conciliation doit ainsi être le siège des négociations et de la préparation du plan de sauvegarde.

- Dispositions relatives au rebond du dirigeant

De manière temporaire, différentes mesures afin de favoriser le rebond du dirigeant avaient été prévues par l'ordonnance de 2020. Les retours d'expériences de ces mesures étant positifs l'ordonnance de septembre 2021 les a pérennisées. Il en est ainsi pour la procédure de liquidation judiciaire simplifiée qui est désormais ouverte aux entrepreneurs individuels, avec pour seule condition celle de l'absence de bien immobilier.

Il en est également ainsi pour le rétablissement professionnel puisque la valeur de la résidence principale est expressément écartée pour déterminer l'actif du débiteur. L'ouverture plus large du rétablissement professionnel s'inscrit pleinement dans l'objectif de rebond souhaité par la directive « restructuration et insolvabilité » en permettant aux entrepreneurs individuels d'échapper à la sanction de l'interdiction de travailler. Cette disposition se justifie aussi par « l'une des raisons d'être de ce rétablissement professionnel, qui est la maîtrise des frais de procédure ».

EPILOGUE

Toutes les entreprises ne sont pas logées à la même enseigne lorsqu'il s'agit de la fiscalité.

Les grands groupes, pour réduire la charge de leurs impôts, délocalisent une partie de leurs profits de manière artificielle en se servant de leur présence à l'internationale. Cette technique d'optimisation fiscale permet aux grandes entreprises de payer moins d'impôts et d'accroître leurs revenus. Ainsi, grâce aux différents montages financiers, les multinationales ont réussi à baisser considérablement leurs impôts ces dernières années.

Les multinationales délocalisent en moyenne 36 milliards d'euros par an dans des pays étrangers à travers leurs filiales. Par cette méthode, le Fisc français perd en moyenne 14 milliards d'euros d'impôts par an. Si les résultats de cette étude ne sont pas vérifiés, ces estimations interpellent tout de même.

La mécanique est astucieuse et légale. Les grands groupes constituent des montages financiers qui participent à la réduction du montant de l'impôt sur les sociétés exigible en France. Pour y arriver, ces sociétés se situent à la limite des règles fiscales et parviennent à les contourner grâce aux différentes techniques utilisées.

Pour répondre à l'évitement fiscal adopté par les grandes entreprises le Parlement français a adopté en juillet 2019 la taxe GAFA. Il s'agit d'une taxe qui prévoit un prélèvement de 3 % sur les revenus des sociétés qui réalisent un chiffre d'affaires d'au moins 750 millions au niveau mondial et de plus de 25 millions d'euros en France grâce à leurs activités numériques.

Cette nouvelle mesure touche principalement les géants américains du numérique

que sont Google, Amazon, Facebook et Apple. Cependant, ils ne sont pas les seuls, car d'autres entreprises du numérique sont sous le coup de cette taxe. Mais elles sont en majorité américaines.

C'est pourquoi le fisc espère, avec la taxe GAFA, faire payer des impôts plus importants aux grandes entreprises. Cependant, il faudra encore attendre pour voir la mesure se généraliser à travers l'Europe. En cause, les petits pays font échec au consensus par peur de perdre leur attractivité fiscale et économique aux yeux des multinationales.

Mais nous l'avons montré, l'optimisation fiscale n'est pas l'apanage des grandes entreprises et reste à la portée de toutes les entreprises même les plus modestes. Economiser de l'impôt est tout à fait légal et il serait dommage en la matière de pratiquer l'auto-censure. Certes, ce n'est plus forcément aussi facile qu'avant et un peu plus compliqué à mettre en place. En clair, pour fuir l'impôt il faut être prêt à payer plus cher. Tous les pays ont renforcé les coopérations internationales et le secret bancaire a été levé progressivement dans plusieurs pays ces dernières années.

En outre il faut constamment prendre en compte le risque fiscal qui permet à l'administration de qualifier d'évasion fiscale ou d'abus de droit certains mécanismes d'optimisation et de les pénaliser parfois lourdement. Toutefois, les procédures diligentées en la matière ne concernent pour l'essentiel que des affaires à fort enjeu de plusieurs centaines de milliers d'euros et sont plus marquées par un affichage d'exemplarité plutôt qu'une volonté délibérée de répression à tout va de toutes les situations à connotation d'évasion fiscale.

Il n'en demeure pas moins vrai qu'il est bien entendu préférable de rester relativement discret sur ses opérations d'optimisation fiscale. Et même de savoir les limiter raisonnablement pour s'assurer de rester conforme à la Loi.